Elogios Adicionais Ao

DOIS SEGUNDOS DE VANTAGEM

"O desafio do mundo digital atual não é acumular dados, mas entendê-los rapidamente. *Dois Segundos de Vantagem* explora muito bem o fato de que ter as informações certas, no contexto e na hora certa, pode fazer com que você esteja à frente."

— David Stern, diretor da NBA

"Qualquer pessoa interessada em entender o caminho comum de quase todo sucesso a longo prazo deve ler *Dois Segundos de Vantagem*. Os autores prendem sua atenção com esse relato bem escrito e dinâmico sobre como ter um insight original e prévio ajuda as empresas a tomar decisões inovadoras e manter sua vantagem competitiva."

— Chad Hurley, Cofundador do YouTube

"Em um ambiente no qual as mudanças ocorrem mais rapidamente que em qualquer outra época na história, a capacidade da empresa de captar *Dois Segundos de Vantagem* pode significar a diferença entre o sucesso e o fracasso. Vivek articula de que modo líderes e empresas podem usar processos de previsão para antecipar mudanças e obter vantagens competitivas que dão forma ao futuro do trabalho."

— Francisco D'Souza, presidente e diretor-executivo da Cognizant

"Uma exploração elegante de como uma empresa poderia de fato não adivinhar, mas sim antever o que está por acontecer nos próximos dois meses ou até em um segundo com as informações certas na hora exata. *Dois Segundos de Vantagem* é um daqueles raros livros que dão forma ao nosso raciocínio sobre como as empresas e organizações devem utilizar a tecnologia para funcionar de forma semelhante aos seres humanos 'talentosos'."

— N. Chandrasekaran, diretor-executivo da Tata Consultancy Services

"O que a capacidade única de conquista do grande jogador de hóquei Wayne Gretzky tem a ver com a liderança de uma empresa moderna na era digital — até que ponto é valiosa a vantagem competitiva consistente obtida com o poder de previsão? Com exemplos envolventes e reveladores Ranadivé e Maney exploram e explicam como os líderes do "Enterprise 3.0" estão obtendo vantagens competitivas sustentáveis através do uso do cálculo de previsão."

— Thomas H. Glocer, diretor-executivo da Thomson Reuters

"Extremamente importante para os líderes de negócios dos dias de hoje. Os clientes estão contratando os serviços de empresas através de uma quantidade crescente de meios, dos dispositivos móveis ao universo social. O conceito de que podemos não somente entender todos esses dados dos consumidores, mas também fazer previsões negociais precisas com base nessas informações, faz com que este livro seja incluído em qualquer lista de leitura obrigatória."

— Shantanu Narayen, presidente e diretor-executivo da Adobe Systems, Incorporated

"*Dois Segundos de Vantagem* é uma coleção ágil de pesquisas e exemplos práticos de que ter um pouco de informação correta, na hora e contexto certos, com a antecedência necessária, é o ingrediente principal para o sucesso — na área empresarial e nas outras áreas do empreendimento humano... os autores oferecem uma perspectiva fundamental de como as possibilidades de previsão disponíveis podem ajudar a tornar o mundo um lugar melhor para se viver."

— Klaus Schwab, fundador e presidente-executivo do Fórum Econômico Mundial

DOIS SEGUNDOS DE VANTAGEM

Como Ser Bem-Sucedido
Antevendo o Futuro —
Somente o Necessário

Vivek Ranadivé

• •

Kevin Maney

ALTA BOOKS
EDITORA

Rio de Janeiro, 2013

ISBN: 978-85-7608-727-4

Impresso no Brasil — 1ª Edição, 2013

Produção Editorial
Editora Alta Books

Gerência Editorial
Anderson Vieira

Editoria de Negócios
Juliana de Paulo

Supervisão Gráfica
Angel Cabeza

Supervisão de Qualidade Editorial
Sergio Luiz de Souza

Supervisão de Texto
Jaciara Lima

Conselho de Qualidade Editorial
Anderson Vieira
Angel Cabeza
Jaciara Lima
Marco Aurélio Silva
Natália Gonçalves
Sergio Luiz de Souza

Design Editorial
Bruna Serrano
Iuri Santos

Marketing e Promoção
Daniel Schilklaper
marketing@altabooks.com.br

Equipe Editorial
Brenda Ramalho
Claudia Braga
Cristiane Santos
Daniel Siqueira
Danilo Moura
Evellyn Pacheco
Juliana Larissa Xavier
Licia Oliveira
Livia Brazil
Marcelo Vieira
Milena Souza
Paulo Camerino
Thiê Alves
Vanessa Gomes
Vinicius Damasceno

Tradução
Paula R. Maricato

Copidesque
Lyvia Felix

Revisão Gramatical
Carlos Bacci
Juliana de Paulo

Diagramação
Joyce Matos

Dados Internacionais de Catalogação na Publicação (CIP)

R185d Ranadivé, Vivek.
Dois segundos de vantagem : como ser bem-sucedido antevendo o futuro : somente o necessário / Vivek Ranadivé, Kevin Maney. – Rio de Janeiro, RJ : Alta Books, 2013.
256 p. ; 21 cm.

Inclui bibliografia e índice.
Tradução de: The Two-Second Advantage.
ISBN 978-85-7608-727-4

1. Expectativa (Psicologia). 2. Cérebro. 3. Comportamento humano. 4. Concorrência. 5. Sucesso. I. Maney, Kevin. II. Título.

CDU 159.95
CDD 155.2

Índice para catálogo sistemático:
1. Processos mentais superiores : Talento 159.95

(Bibliotecária responsável: Sabrina Leal Araujo – CRB 10/1507)

Rua Viúva Cláudio, 291 – Bairro Industrial do Jacaré
CEP: 20970-031 – Rio de Janeiro – Tels.: (21) 3278-8069/8419
www.altabooks.com.br – e-mail: altabooks@altabooks.com.br
www.facebook.com/altabooks – www.twitter.com/alta_books

Dedicamos este livro aos milhares de funcionários da TIBCO, cujas habilidades técnicas e ideias de negócios ajudaram a dar forma aos princípios fundadores por trás do conceito de dois segundos de vantagem. Eles me inspiram todos os dias com sua criatividade, inteligência e tenacidade.

— Vivek Ranadivé

Ao meu falecido pai, Francis Maney Jr., que mesmo após mais de quarenta anos, parece que ainda está por aí para nos ajudar.

— Kevin Maney

Sumário

Introdução

Quando o universo junta uma série de situações favoráveis, talvez seja uma boa ideia prestar atenção. Foi um conjunto semelhante de circunstâncias que levou a este livro.

Kevin Maney cresceu no norte do estado de Nova York e joga hóquei desde quando era rapaz (Ele ainda joga e tem todos os dentes na boca.). Tem praticamente a mesma idade e altura de Wayne Gretzky. De uma forma ou de outra, Gretzky tornou-se o maior jogador de hóquei em todos os tempos, e Kevin... não. Contudo, há anos Kevin tem fascinação pelo talento mais evidente de Gretzky: sua capacidade de saber o que irá acontecer no gelo um ou dois segundos antes das outras pessoas. Em meados da década de 2000, um dos fundadores da Palm, Jeff Hawkins, apresentou a Kevin as teorias sobre o funcionamento do cérebro como máquina preditiva, o que levou Kevin a explorar a fonte do sucesso de Wayne Gretzky no hóquei. Ele começou a registrar ideias que tivessem a ver com possibilidade de predição, talento e o cérebro de Gretzky para o novo livro que estava preparando.

Em torno dessa mesma época, Vivek Ranadivé, diretor-executivo da TIBCO Software Inc., observou a chegada de uma próxima iteração de tecnologia que combinava cálculo em tempo real, contexto, software de memória, processamento de eventos complexos e analítica. As informações sobre fatos que acontecem em um momento poderiam estar correlacionadas com dados históricos, usando um software para prever padrões futuros. O resultado? Novos meios que poderiam prever o que estava para acontecer, e agir com precisão antes daquele momento chegar. A TIBCO cria tecnologia de software que consegue fazer isso. Na empresa, Vivek começou a falar sobre suas ideias. Ele achou que colocá-las em um livro ajudaria os funcionários a entender seu raciocínio, fazendo com que o pessoal da área de tecnologia e negócios dialogasse sobre as imensas possibilidades dessa nova capacidade.

Vivek e Kevin conheceram-se no final de 2009 em uma sala de reunião da TIBCO, onde Vivek contou a Kevin sobre o que estava observando em termos de avanços na tecnologia. Kevin comentou com Vivek sobre a possibilidade de predição e o cérebro humano. Vivek percebeu que as ideias de Kevin sobre as capacidades do cérebro de Wayne Gretzky pareciam-se muito com os sistemas que ele achava que as empresas tinham de implementar para serem competitivas no século XXI. E Kevin ficou intrigado que os teóricos de informática estivessem a caminho de ajudar a explicar talentos como aqueles que Gretzky tinha.

Ambos perceberam que encontraram a ideia certa na hora certa. A tecnologia está à beira de um colapso, com um grande volume de dados colocando em xeque a capacidade de computação, sendo necessário um novo modelo de tecnologia da informação. A natureza preditiva do cérebro é uma área em expansão da descoberta científica. E o cruzamento das duas — ciência da computação e neurociência — é um campo cada vez mais aquecido que tende a dar à luz a próxima geração da tecnologia da informação. Sozinhos, nem Vivek nem Kevin teriam notado as associações entre a tecnologia e o cérebro de forma tão clara. Juntos, descobriram que os campos criavam sinergia perfeita para a década de 2010. Este livro é o resultado do trabalho conjunto deles.

Os autores gostariam de agradecer a algumas pessoas por sua ajuda valiosa neste projeto.

Vivek Ranadivé: Em qualquer projeto, existem muitas pessoas a agradecer nos bastidores, e com este livro não é diferente. O apoio da minha família e amigos, e sua ajuda e opiniões para transformar meus pensamentos em um conceito digno de publicação foi algo inestimável. Roger Scholl, meu editor, e Kevin Maney, meu coautor, foram incrivelmente pacientes e criteriosos, não somente executando o trabalho duro de aparar todas as arestas, como também oferecendo contribuições significativas para as ideias expressas neste livro. Também gostaria de agradecer a vários colegas que colaboraram enormemente para o conteúdo deste livro: Don Adams, Kal Krishnan, Matt Langdon, Ram Menon, Matt Quinn, Murat Sonmez, Raj Verma, Srini Vinnakota, entre muitos outros. Agradeço muito a Kevin Tam e Anthony Zambataro por seu excelente desenho da capa e a Jennifer Quichocho, minha assistente, por toda sua ajuda.

Kevin Maney: Gostaria de agradecer a Dan Fost e Russ Mitchell pelo trabalho de pesquisa. Jeff Hawkins merece uma saudação especial por me apresentar à ideia da natureza preditiva do cérebro no começo da década de 2000, e pela paciência com minhas perguntas insistentes sobre o assunto em várias ocasiões ao longo dos anos. Também agradeço aos neurocientistas Jim Olds, Stephen Grossberg e Paula Tallal por seus conselhos e contribuições em geral. Muito obrigado a Roger Scholl, editor deste livro (e do anterior, *Trade-Off*) por acreditar no projeto e executá-lo. Sandy Dijkstra, nossa agente, que ajudou para que as coisas acontecessem. Obrigado aos colegas na TIBCO, que por vezes deixaram de lado a administração de uma empresa em rápido crescimento para ajudar na preparação deste livro, incluindo Holly Gilthorpe, Ram Menon, Don Adams e Srini Vinnakota. Finalmente, agradeço muito a Kristin, Alison e Sam por compreender os momentos em que a escrita do livro teve que incluir o horário da noite dos dias de semana e as tardes de domingo.

PARTE I

CÉREBROS TALENTOSOS

O Cérebro de Wayne Gretzky em uma Caixa

Na temporada de hóquei de 1981-1982, Wayne Gretzky quebrou o recorde da Liga Nacional de Hóquei colocando 92 discos na rede. Na época, com 1,80 metro de altura e pesando aproximadamente 77 kg — era pequeno se comparado com um jogador padrão da Liga Nacional de Hóquei. "Pareço-me mais com o cara que embala as compras no supermercado da esquina", afirmou a respeito de si mesmo.[1] Ele sequer era um atleta particularmente fantástico no quesito estritamente físico. Disse Gretzky a um repórter: "Os médicos do nosso time testaram minha resistência, força, reflexos e flexibilidade com máquinas, bicicletas e treinos. Eles testaram todos os jogadores do time, e fui MAL em todos os testes."[2] Ainda assim, Gretzky quebrou praticamente todos os recordes de pontuação que existem no hóquei. Ele é o melhor atleta desse esporte em todos os tempos.

E aqui está o mais curioso: Gretzky não ficou tão excelente apesar de seus atributos físicos inexpressivos — ele se tornou tão excelente *por causa* deles.

Gretzky foi criado em Brantford, Ontário, e começou a patinar no rio congelado da sua vizinhança quando tinha dois anos de idade. No inverno, jogava hóquei com as crianças do bairro sempre que podia — uma hora antes de ir para a escola, algumas horas depois das aulas, mais uma ou duas horas após o jantar. Seu pai, Walter, ensinou-o e treinou-o, apesar de não pressioná-lo. "Eu treinava todos os dias porque era algo que adorava fazer", disse Gretzky. Quando ele tinha seis anos, tentou entrar para a Brantford Atom League para meninos de dez anos e conseguiu. Uma foto daquela temporada mostra Gretzky patinando com os colegas, sua cabeça mais ou menos na mesma altura que os números nas camisas da maior parte de seus colegas de time.

Gretzky marcou um gol naquele primeiro ano. No ano seguinte, anotou 27 gols; no seguinte, com apenas oito anos, 104; depois, 196; e quando tinha dez anos, marcou 378 gols em 69 jogos. Ainda assim, ele sempre foi um dos menores e mais franzinos jogadores da liga. Nunca alguém havia visto algo parecido. Os jornais e revistas apressaram-se em mandar repórteres para Brantford com a missão de escrever sobre ele.

Gretzky passou rapidamente para ligas de nível mais alto, ao lado de garotos muito mais velhos e musculosos. Já que não podia colocar em ação grande talento físico contra os adversários, ele desenvolveu um outro tipo de arma: seu cérebro. "Quando tinha cinco anos e jogava contra garotos de 11 anos, que eram maiores, mais fortes e mais rápidos, eu simplesmente precisava descobrir uma forma de jogar com eles", explicou Gretzky. "Aos 14 anos, jogava contra garotos de 20, e com 17, jogava com homens feitos. Em essência, tinha de jogar no mesmo estilo o tempo todo. Eu não conseguia vencer as pessoas com minha força; não tenho uma jogada dura; não sou o jogador mais rápido da liga. Meus olhos e mente têm de fazer a maior parte do trabalho."

E acrescentou: "Eu tinha de estar à frente das outras pessoas ou não sobreviveria."[3]

Foi seu pai quem o ensinou a prever, e Gretzky memorizou centenas de macetes e atalhos — e depois os executou com perfeição porque não tinha outra forma de ter êxito no gelo. Quanto mais jogava, mais aquele senso de previsão foi se transformando em instinto.

Em pouco tempo, já conseguia monitorar toda a situação — tudo que estava acontecendo no gelo e a movimentação de todos os jogadores — em sua mente. "Quando você tem 77 kg e joga contra caras de quase 100 kg, sempre aprende a descobrir onde todos estão no gelo, em todos os momentos", observou Gretzky. O fato de ser mais baixo forçou Gretzky a desenvolver um cérebro excelente para o hóquei. Ele construiu um modelo de previsão do hóquei em sua mente, de modo que, conforme o jogo se desenvolvia, conseguia usar lembranças de jogos e táticas anteriores, e uma leitura imediata da situação, para prever o que estava para acontecer.

Até certo ponto, todos os bons jogadores fazem isso. No entanto, Gretzky conseguia fazê-lo um pouco mais rápido e de maneira mais precisa que todos os outros. Muitas crianças no Canadá patinam por horas na época da pré-escola. Muitas tiveram pais que as treinaram e guiaram. A maior parte dessas crianças tinha corpos maiores e mais fortes que o de Gretzky. Contudo, mesmo assim, nenhuma delas se tornou um Wayne Gretzky, porque nenhuma delas desenvolveu, como ele, um cérebro capaz de prever.

Ele realmente era hábil em entender o que iria acontecer um ou dois instantes antes de qualquer outra pessoa no gelo — e patinar até onde o disco estaria. Eis sua famosa descrição: ele dizia que não patina até onde o disco está, mas sim até onde o disco estará. Os comentaristas muitas vezes diziam que Gretzky parecia estar dois segundos à frente de todos os outros. Essa habilidade o levou ao fenomenal sucesso na Liga Nacional de Hóquei. Gretzky liderou o Edmonton Oilers na conquista de quatro campeonatos na Copa Stanley.

Grant Fuhr, que jogou com Gretzky no Oilers, disse: "Ele lê onde as outras pessoas estarão. As pessoas sequer pensam sobre uma jogada, porque não acham que ela seja possível. E Gretzky faz essa jogada. Ele passará para um lugar, não para um jogador. Alguém estará naquele lugar, e Wayne sabe que eles podem marcar pontos daquele lugar, e é para lá que (o disco) vai."[4]

Todavia, o que acontece na mente de Gretzky sob o ponto de vista *científico*? Existem lições para aprendermos com Gretzky que têm implicações em, digamos, administrar uma loja de departamentos?

Da mesma forma que Gretzky no gelo, a maior parte das pessoas bem-sucedidas em várias áreas fazem previsões contínuas e precisas apenas um pouco antes e um pouco melhor que as outras pessoas. É o denominador comum de quase todos os sucessos consistentes. As pessoas talentosas não precisam ter uma visão do futuro com dez anos, ou nem mesmo dez dias de antecedência. Elas precisam de uma previsão altamente provável e com antecedência suficiente apenas para ver uma abertura ou oportunidade um instante antes da competição. Essa é a verdade no que diz respeito a atletas, artistas, empresários ou qualquer pessoa em qualquer área.

Metaforicamente, a previsão precisa estar presente somente dois segundos antes — embora o tempo real seja de centésimos de segundo ou alguns minutos, dependendo da situação. Em outras palavras, pessoas talentosas têm dois segundos de vantagem. (Em seu best-seller de 2005, *Blink: The Power of Thinking Without Thinking*, o autor Malcolm Gladwell descreve como avaliações feitas em dois segundos são muitas vezes mais precisas que aquelas feitas após meses de análise. "É um sistema no qual nosso cérebro chega a conclusões sem nos dizer imediatamente que está chegando a conclusões", escreve Gladwell.[5])

Na neurociência, esse conceito mapeia as teorias sobre inteligência que se solidificaram nas últimas duas décadas em centros de pesquisa como o Redwood Center for Theoretical Neuroscience, na University of California; no trabalho de neurocientistas como Stephen Grossberg na Boston University e Paula Tallal na Rutgers University; em projetos experimentais financiados pela Defense Advanced Research Projects Agency (DARPA), e em vários outros centros de pesquisa.

Em primeiro lugar, esses cientistas descobriram que o cérebro forma lembranças a partir de experiências, que ficam armazenadas como padrões e são montadas em blocos de informações, podendo ser rapidamente acessados. Quanto mais as experiências se repetem, mais fortes e mais complexos tornam-se os padrões. Quando Gretzky, por exemplo, via um goleiro adversário movimentar-se de determinada forma, a imagem acionava um padrão instantâneo e complexo construído a partir de tudo que Gretzky viveu e armazenou em sua memória.

Essas habilidades não são válidas apenas para superastros do esporte. No dia a dia, nossos sentidos constantemente enviam informações ao nosso cérebro. O cérebro usa esse fluxo de informações para acionar padrões de lembranças armazenadas, dizendo-nos que algo parece familiar — aqui está o que provavelmente vai acontecer em seguida. O cérebro testa o que se pensa que poderia acontecer em comparação com o que de fato acontece, e faz alguns ajustes — desenvolve novas previsões. O cérebro consegue executar tal sequência em milésimos de segundo, continuamente.

Ao subir uma escadaria, seu cérebro reconhece, com base em padrões anteriores, que o próximo degrau será tão alto quanto o anterior, e então direciona seu pé para seguir aquela previsão. É esse mecanismo que permite que você suba a escada no escuro sem grandes esforços. No entanto, se um degrau é um pouco mais alto que os outros, você pode tropeçar e ter de prestar mais atenção.

O cérebro humano é uma máquina preditiva. Inteligência é previsão. Esse é um conceito relativamente novo na neurociência, que ganhou mais aceitação apenas nas décadas de 1990 e 2000. Enquanto a relação entre previsão e inteligência geral é um conceito corriqueiro, uma ideia ainda mais nova — e pouco explorada — surgiu na neurociência: a capacidade preditiva excepcional é o que gera o talento. Até o momento, apenas alguns estudos empíricos concentraram-se nessa relação, mas vários cientistas e psicólogos sugeriram teorias sobre talento e previsão. Em termos práticos, quando se pergunta às pessoas talentosas sobre suas habilidades, elas muitas vezes descrevem uma aptidão de superprevisão — como Gretzky fez no passado.

Muitas pessoas bem-sucedidas são muito boas em fazer previsões bastante precisas — geralmente sobre determinada atividade — de forma apenas um pouco mais rápida e melhor que as outras pessoas. É possível observar esse fato ao nosso redor. O vendedor que vende mais que todo mundo desenvolveu um talento para antever as reações das pessoas às suas abordagens de vendas, permitindo que ele conduza a conversa de modo a evitar sair do foco. A professora que parece extrair o máximo dos alunos com um mínimo de esforço desenvolveu modelos preditivos em sua mente sobre como as crianças se comportam e respondem a determinados métodos de ensino.

O grande saxofonista de jazz Joe Lovano conversou conosco sobre ouvir notas antes de serem tocadas. Um homem chamado Mystery — que se descreve como "o maior sedutor do mundo" — disse que consegue prever como as mulheres irão reagir em um bar. Tom Menino, prefeito de Boston por sete mandatos, contou-nos sobre o modelo mental de Boston que construiu em seu cérebro, que lhe permite prever instantaneamente como uma proposta de lei ou um prédio irão afetar a cidade.

Existem duas formas de adquirir este tipo de talento baseado em previsão.

Uma delas é herdá-lo. Algumas pessoas têm cérebros que são programados para fazer algumas coisas de maneira mais eficiente que a maioria. Seus neurônios são acionados e conectam-se mais rapidamente, e de maneira mais eficiente para uma determinada tarefa. Elas conseguem dominar uma determinada habilidade sem muito treinamento — como a criança que sempre tira notas altas sem se matar com o dever de casa ou ganha competições de piano apesar de raramente praticar. Na extremidade do talento herdado estão os portadores da síndrome de Savant, e esse talento é raro, acompanhado de dificuldades.

A outra forma de obter um cérebro mais preditivo é desenvolvê-lo. Talvez a pessoa não tenha o mesmo talento natural de outras. Todavia, através de milhares de horas de prática, trabalho duro e testes, aquela pessoa pode elaborar um modelo de previsão eficiente e efetivo em sua área. Essas pessoas praticam até acertarem. São delas várias histórias de sucesso em todo o mundo — os escritores que escreveram dez romances fracassados antes daquele livro maravilhoso que deu certo; o empreendedor que fracassou em alguns empreendimentos antes de se lançar em um ótimo negócio.

No entanto, para alcançar o sucesso de Gretzky, a maioria das pessoas precisa tanto de talento natural quanto de trabalho árduo, não dependendo de uma combinação singular de circunstâncias.

"Gretzky é um sortudo excepcional", afirmou James Olds, professor de neurociência da George Mason University. O cérebro de Gretzky com certeza teve a vantagem de ter um grande conjunto de circuitos. Devido ao fato de adorar jogar hóquei, além dos longos invernos canadenses e do treinamento dado pelo pai, o jogador tem milhares de horas de prática que exercitaram a dinâmica do esporte em sua memória. E então sua baixa estatura deu a ele um motivo para confiar mais em seu cérebro do que em suas habilidades atléticas, estimulando-o a construir modelos preditivos cada vez melhores até conseguir fazer previsões muito mais acuradas que qualquer outra pessoa no jogo.

Ironicamente, foi isso que permitiu a Gretzky não ter que pensar muito durante o jogo, possibilitando a seu cérebro responder de modo mais rápido. Em sua carreira, ele continuou a alcançar os maiores níveis de complexidade no jogo, armazenando com o passar do tempo sinfonias inteiras de movimentos complexos em blocos únicos. Pense nisso como sendo algo parecido com cozinhar. Outros jogadores, ao passar por uma situação no gelo, estavam essencialmente vendo a farinha, os ovos e todos os outros ingredientes individuais e tinham de pensar sobre como juntar todos eles para fazer o bolo. Gretzky via somente o bolo.

Em vez de precisar acessar constantemente todas as informações que armazenou sobre hóquei em seu cérebro durante os jogos — o que exigiria muito tempo de cálculo e esforço — Gretzky conseguia acessar blocos inteiros de informações que ele já havia montado, analisado e entendido. Os blocos de informações formaram um modelo mental eficiente e preciso de hóquei. Tudo que Gretzky tinha de fazer durante o jogo era consultar seu modelo mental e em seguida deixar as informações descobertas fluírem através dos seus sentidos. O reconhecimento do caminho que o jogo estava seguindo ativava blocos de conhecimento baseados no que ele havia visto antes, os quais, por sua vez, geravam uma previsão: isto é o que provavelmente vai acontecer. Seu cérebro testava o que ele estava vendo comparado com a previsão, talvez levando em consideração que um dos seus colegas de time parecia um pouco mais lento naquele jogo, ou o posicionamento inesperado de um defensor principiante. Então, em um instante, o modelo preditivo em seu cérebro ajustava-se à movimentação no gelo, e ele sabia, com precisão impressionante, o que iria acontecer logo depois.

Gretzky não tentava criar um plano para todos os 60 minutos de jogo, nem sequer pensava no que iria preparar para daqui a 30 segundos. Tudo que tinha de fazer era prever o que estava para acontecer no próximo instante, e agir um pouco mais rápido, com um pouco mais de precisão que qualquer outra pessoa. Isso deu a Gretzky uma vantagem gigantesca. Esses foram seus dois segundos de vantagem.

Imagine se uma empresa conseguisse, de fato, ir para onde o disco estará — não adivinhar onde ele pode estar dali a três meses, mas prever corretamente o que está para acontecer em um instante. Algumas empresas já estão nessa direção. O Sam's Club faz o trabalho incrível de saber o que seus membros irão querer comprar quando chegarem à loja. O departamento de polícia de East Orange, em Nova Jersey, está melhorando suas previsões de onde e quando um crime pode acontecer para, assim, mandar uma viatura e impedir que a ação delituosa ocorra. Esses exemplos não estão no nível sofisticado do cérebro de Gretzky durante um jogo de hóquei, mas representam um salto importante na mesma direção.

Os especialistas em computação percebem que a forma como os dois segundos de vantagem funcionaram na mente de Gretzky tem a chave de como isso pode funcionar na tecnologia, mudando a maneira pela qual as empresas e outras organizações atuam.

No dia 28 de março de 1955, a revista *Time* publicou uma reportagem sobre uma nova geração de máquinas chamadas computadores. A capa mostrava um desenho de Thomas Watson Jr., da IBM, em frente a um robô caricatural sobre um título onde se lia: "Clink. Clank. Think." (um trocadilho onomatopaico, algo como "Tilintar. Tinir. Pensar"). A história admirou-se com um computador construído pela IBM que funcionava dentro de um prédio de escritórios da Monsanto. "Para a IBM, era o Modelo 702 da Máquina de Processamento de Dados Eletrônicos. Para a Monsanto e os visitantes intimidados, era simplesmente o 'cérebro gigante'", a história dá conta.[6]

Os estudiosos da tecnologia vêm tentando há muito tempo construir computadores que consigam fazer coisas de forma semelhante ao cérebro humano. Eles trabalharam com inteligência artificial e robôs, e fazem computadores que conseguem derrotar grandes mestres do xadrez. No entanto, todos esses projetos tiveram, na melhor das hipóteses, sucesso limitado. A estrutura básica dos computadores opera de modo muito diferente da dos cérebros. Os computadores podem fazer algumas coisas melhor que os seres humanos, como calcular instantaneamente grandes equações ou selecionar milhões de documentos procurando algumas palavras-chave. Contudo, eles não conseguem fazer algumas coisas mais simples, que até uma criança de três anos consegue fazer — como saber que um desenho simples de uma vaca e uma vaca de verdade são, ambos, uma vaca. Computadores, definitivamente, não conseguem corresponder aos processos cerebrais de nível mais alto, como juntar ideias distintas em um instante de inspiração. Ainda estamos muito longe de construir um computador que pensa como uma pessoa — e talvez isso seja, antes de mais nada, uma busca quixotesca.

Ainda assim, os cientistas da computação estão aprendendo com as pesquisas sobre o cérebro humano e construindo sistemas de computador para operar de novas formas com base no modelo preditivo humano. Esses sistemas, de sua própria maneira, constroem blocos de memória e geram comportamentos baseados em previsões. Os sensores conseguem realimentar informações para os computadores, tanto para construir padrões quanto para testar previsões.

As empresas inovadoras estão começando a usar esses novos sistemas para atuar mais como seres humanos talentosos que organizações burocráticas. Essas empresas conseguem utilizar a tecnologia para sentir o que está acontecendo no mercado, fazer ajustes constantes e agir um pouco à frente no tempo — com dois segundos de vantagem.

Pelo que se vê, dispor de um punhado de informações certas pouco tempo antes do instante em que são necessárias é muito mais importante do que todas as informações do mundo um mês ou um dia depois. Utilizar bancos de dados para analisar pilhas de informações após a ocorrência do fato seria como Wayne Gretzky procurar todas as suas lembranças de hóquei e analisar porque não pontuou no último jogo para, desse modo, elaborar um plano para o próximo. Por mais que isso seja importante, já não é mais suficiente. Assim como Gretzky, as empresas querem ser capazes de prever, usando um "modelo mental" eficiente para ficar um pouco à frente dos fatos e fazer avaliações instantâneas sobre o que fazer em seguida. As empresas serão capazes de prever as necessidades dos clientes. As lojas não terão mais quantidades excessivas ou insuficientes de um produto. As forças da lei serão capazes de impedir atos criminosos antes de acontecerem.

Várias tendências estão sendo reunidas para facilitar a tecnologia dos dois segundos de vantagem.

Durante 50 anos vivemos em um mundo de tecnologia de bancos de dados. As empresas e os órgãos governamentais recolhem informações de interações individuais (formulários preenchidos, reservas feitas), transações financeiras (em caixas eletrônicos, internet, através de compras com cartão de crédito) e eventos registrados (pontuações de beisebol, leituras de furacões no Golfo do México, saídas de companhias aéreas do Aeroporto Internacional de Los Angeles). Os dados alimentam um banco de dados estruturado, que os mistura, combina e analisa para fazer descobertas sobre coisas que já aconteceram.

Um banco de dados poderia dizer ao varejista que ele vende 50% a mais de fraldas de determinada marca no mês de agosto, indicando que a loja deve estocar naquele mês. Um banco de dados também poderia dizer a uma companhia aérea que ela, ao baixar os preços em até $20 em determinada rota, está roubando um pedaço da fatia de mercado dos seus concorrentes. Um censo nada mais é que um gigantesco banco de dados que consegue identificar padrões na população de um país a cada dez anos.

Os bancos de dados podem ajudar um executivo a tomar decisões inteligentes sobre o que fazer em seguida com base nos resultados anteriores, e isso é importante. E os bancos de dados funcionam cada vez mais em tempo real. Há algumas décadas, um executivo tinha de solicitar informações de um banco de dados e esperar um dia ou uma semana para ver os resultados. Atualmente, os bancos de dados conseguem atualizar informações de maneira dinâmica, respondendo instantaneamente, com um grande número de informações, à consulta de um executivo sobre o que aconteceu mais cedo naquele mesmo dia.

A tecnologia de bancos de dados é fundamental para o funcionamento de quase todas as empresas de qualquer tamanho em todos os lugares do planeta. Ainda assim, bancos de dados têm grandes limitações no mundo de hoje. Eles são por natureza concentrados no passado. Analisam o que já aconteceu, ao invés de prever o que está por vir. E estão sob intensa pressão proveniente das esmagadoras ondas de dados de várias fontes em constante expansão. Um processo que a tecnologia de armazenamento de dados não conseguirá acompanhar.

Em 2010, foram criados mais de 1.200 exabytes de informações digitais. Um único exabyte é igual a cerca de um trilhão de livros. A cada dois anos, o volume de dados quadruplica. Cerca de 70% deles é gerado por pessoas, incluindo informações de perfil em redes sociais, vídeos no YouTube, mensagens no Twitter, preferências musicais no Last.fm e registros de entrada no Foursquare. O restante vem de um universo de sensores em constante expansão. Isso inclui chips colocados em boias para manter guias na água da baía, etiquetas de identificação de radiofrequência na bagagem para avisar a companhia aérea quando a mala é carregada e descarregada, e os bilhões de telefones celulares no mundo — cada um deles avisando constantemente as empresas de telefonia celular onde as pessoas estão e seu deslocamento.

Ao mesmo tempo, a tecnologia de armazenagem está se aprimorando tão rapidamente que será possível reunir e guardar todos os dados que chegam em profusão. Mais dados sem dúvida podem ser importantes, porém, em excesso, podem tornar-se incontroláveis. Se a tecnologia de bancos de dados tiver de selecionar todos os dados para responder cada consulta, esta sofrerá atrasos. As respostas virão muito lentamente. Da mesma forma que Gretzky não consegue procurar cada lembrança durante um jogo, uma empresa não pode procurar todos os seus dados toda vez que precisar de uma resposta.

Armazenamento de dados em expansão acelerada pode ser o menor dos problemas, se o processamento dos computadores conseguir aumentar rápido o suficiente para acompanhar. Todavia, isso não é provável. Desde a década de 1970, a energia de processamento aumentou a um ritmo descrito pela lei de Moore: em linhas gerais, duas vezes mais transistores conseguem ser implantados em um microprocessador a cada 18 meses. A partir da década de 1980 até o final da década de 2000, os sistemas de informações ficaram centenas de vezes mais rápidos. Contudo, os transistores individuais agora ficaram tão pequenos — menos de uma dúzia de átomos lado a lado — que não podem ser menores do que já são. O tipo de tecnologia que atualmente faz funcionar quase todos os computadores consegue ser apenas duas ou três vezes mais veloz.

Para lidar com a enorme quantidade de dados esperada, os estudiosos da tecnologia estão buscando tipos alternativos de computação. O caminho mais promissor é desenvolver computadores mais semelhantes ao cérebro — a tecnologia que usará dados para construir modelos como Gretzky fez, aprendendo a partir dos dados, mas sem contar com toda a base de dados. A tecnologia será capaz de ler eventos em tempo real e prever o que acontecerá em seguida.

Esse tipo de velocidade e agilidade na tecnologia é cada vez mais fundamental. Nas empresas, governo e vida diária, o tempo para reflexão está caindo. A competição está levando o mundo a trabalhar em um ritmo cada vez mais rápido. Ninguém pode se dar ao luxo de reagir tarde demais com base em informações muito antigas. A nova vantagem competitiva será a capacidade de prever acontecimentos com base em informações sobre o que está acontecendo agora mesmo.

Antes da internet, vivíamos em uma era que podemos chamar de Empreendimento 1.0. Em um banco, por exemplo, os clientes iam até lá o dia todo — não havia caixas eletrônicos —, e os caixas amontoavam pedaços de papel calculando transações. No final do dia, o gerente da agência contabilizava tudo, em seguida enviava as informações para a agência central, onde as informações de todas as agências eram reunidas e consolidadas. Não raro eram necessários dias ou semanas para obter um relatório sobre como as coisas estavam. O tempo de reação a qualquer acontecimento isolado podia ser mensurado com um calendário.

Os computadores e a internet marcaram o início do Empreendimento 2.0. Cada transação transformou-se em um bit de dados digitais. Conforme computadores e redes ficaram mais eficientes, aqueles dados puderam ser calculados e analisados de forma cada vez mais rápida, a ponto de o diretor-executivo do banco conseguir olhar para a tela do computador e ver o fluxo de dinheiro de sua instituição financeira praticamente em tempo real. O tempo de reação a qualquer acontecimento isolado podia ser mensurado com um cronômetro.

Estamos entrando no Empreendimento 3.0. Agora, todo *acontecimento* pode se tornar um bit de dados digitais. A transação é um tipo de acontecimento, mas também há muitos outros. Toda vez que um cliente se conecta ao site do banco, mesmo se nenhuma transação for concluída, isso é um acontecimento. A análise do sinal de celular pode avisar ao banco quantas pessoas vão até a agência todos os dias — mais acontecimentos. Compras com cartão de débito nos revendedores mais longínquos são acontecimentos. Um banco deve ser capaz de reconhecer padrões de acontecimentos e prever o que o cliente pode querer em seguida, conquistando preventivamente esses mesmos clientes. O tempo de reação a qualquer acontecimento isolado terá de ser medido com uma máquina do tempo — porque a ideia é agir antecipadamente.

Na era do Empreendimento 3.0, tomar decisões com base em informações que tenham até mesmo alguns segundos pode ser desastroso. Tentar tomar decisões com base em *todos* os acontecimentos futuros seria incrivelmente difícil. Os novos sistemas precisam das informações corretas, no lugar certo, e na hora exata, para que possam prever o que virá em seguida.

A ideia básica de usar dados para ser preditivo no campo empresarial não vem do nada. Há décadas as empresas estão aplicando matemática e software para tentar prever os acontecimentos. A análise estatística provou que acontecimentos podiam ser previstos dentro de níveis de probabilidade — como o tempo médio antes do defeito de equipamentos mecânicos ou a possibilidade de pessoas dentro de um mesmo código postal responderem a determinada campanha publicitária por mala direta. Grandes sistemas de software em categorias como Bussiness Process Management (BPM) [Gerenciamento de Processos de Negócio] e Customer Relationship Management (CRM) [Gestão de Relacionamento com o Cliente] tentaram reunir tudo que acontece em uma empresa e ajudar os gestores a entender quando, por exemplo, uma linha de montagem vai precisar de uma nova remessa de peças ou um cliente pode estar pronto para comprar um produto atualizado.

Nos últimos anos, as empresas vêm utilizando a analítica para descobrir tendências a partir de dados históricos. A analítica pode olhar para o padrão dos gastos e pagamentos por fatura anteriores de uma pessoa, compará-lo com os de milhões de outros consumidores e fazer uma previsão estatística se a pessoa irá deixar de pagar um empréstimo. A analítica ajuda as companhias aéreas a prever a demanda, para que possam ajustar os horários e garantir que os aviões voem o mais próximo possível de sua lotação máxima.

Não estamos insinuando que inventamos a ideia de tecnologia preditiva. Não estamos dizendo que as pessoas devam rejeitar seus BPM, CRM ou sistemas de analítica. Será sempre muito importante fazer previsões com dias, meses ou anos de antecedência — da mesma forma que as pessoas precisam fazer planos de longo alcance ou técnicos precisam traçar planos estratégicos de jogo que acham que irão funcionar contra um adversário futuro.

No entanto, no mundo de hoje, as empresas precisam de algo mais. Elas precisam daquela habilidade instantânea, proativa e preditiva de Gretzky. Envoltas em um fluxo constante de acontecimentos 24 horas por dia, 7 dias por semana, as empresas precisam ser capazes de colocar suas pilhas de dados de lado, e passarem a utilizar modelos "mentais" pequenos e eficientes que consigam identificar uma série de acontecimentos e prever o que está para acontecer, permitindo-lhes, assim, começar a agir em uma fração de segundo.

Isso não é um sonho impossível. Várias empresas estão implementando alguns dos primeiros sistemas preditivos, com o objetivo de obter as informações corretas no lugar certo com ligeira antecedência.

A Southwest Airlines está desenvolvendo um sistema que lhe permitirá observar sua disponibilidade de aeronaves, tempo, preços das passagens e outros fatores, e fazer ajustes constantemente — talvez, percebendo que a tempestade está vindo, reconsiderar todos os horários e transferir passageiros para outros voos antes que as rotas fiquem congestionadas.

A Xcel Energy está testando um sistema em Boulder, Colorado, que usa medidores bidirecionais e equipamentos de monitoramento de falta de energia para construir memórias de como a eletricidade se movimenta através da rede de distribuição elétrica e o que parece desencadear problemas. Dessa forma, a rede consegue reagir a um acontecimento que percebe que está por vir, e redirecionar a eletricidade ou aumentar a capacidade só um pouco antes do que, em outros contextos, causaria uma falta de energia.

A DARPA, braço de pesquisa futurista do Pentágono, está financiando um programa chamado SyNAPSE que tem, entre seus objetivos, criar a longo prazo uma arquitetura de tecnologia completamente nova que pode funcionar de forma semelhante ao cérebro.

"Estamos em meio a uma grande revolução", afirmou Grossberg, da Boston University. Ele talvez seja o pesquisador mais famoso a romper as fronteiras entre a neurociência e a ciência da computação. Tem estudado o cérebro humano há mais de 50 anos e, em uma entrevista, enquanto comia sushi em um restaurante próximo ao seu escritório, falou como um rapaz entusiasmado. Ele está orientando duas das equipes envolvidas no programa SyNAPSE e, junto com alguns colegas, está dando andamento a vários estudos sobre como o cérebro transforma informações em pensamentos e, posteriormente, em ação. Disse

Grossberg: "Inserir modelos de cérebro na tecnologia não é uma atividade futura. Isso já acontece hoje em dia. Estamos construindo sistemas em tempo real. O problema é que o mundo está em constante transformação e precisamos de sistemas que consigam lidar com ambientes inesperados."[7]

Isso significa que precisamos inserir o cérebro de Gretzky na tecnologia.

No dia 25 de dezembro de 2009, o cineasta holandês Jasper Schuringa relaxou em seu assento no voo 253 da companhia aérea Northwest de Amsterdã para Detroit. O avião estava fazendo sua aproximação final do aeroporto de Detroit quando Schuringa ficou assustado com o que parecia um explosivo sendo detonado. Schuringa disse à emissora CNN: "Primeiro foi só um estrondo. E você fica olhando em volta, perguntando-se, de onde veio esse estrondo?" Ele observou um homem do lado esquerdo do corredor sentado sem se mover nem esboçar qualquer reação. Complementou: "Uma pessoa normal iria levantar, mas não foi isso que ele fez. Foi quando percebi que o cara estava tentando fazer alguma coisa."

O cara era Umar Farouk Abdulmutallab, um nigeriano de 23 anos que tinha ligações com o grupo terrorista radical Al Qaeda. Abdulmutallab estava carregando PENT ou tetranitrato de pentaeritritol — em quantidade suficiente para abrir um buraco na aeronave — costurado na cueca. Contudo, o dispositivo que ele usou não conseguiu detonar a bomba, em vez disso, ateou fogo. Schuringa pulou sobre o passageiro ao seu lado e agarrou Abdulmutallab, tirando o dispositivo das mãos do nigeriano. Os membros da tripulação e outros passageiros pularam sobre Abdulmutallab, tiraram suas roupas e o algemaram. Sem dúvida alguma, esses gestos salvaram a vida das 300 pessoas que estavam a bordo.

No entanto, a pergunta que devemos fazer é: "Por que Schuringa e seus colegas aviadores tiveram de agir de forma tão heroica?" Antes mesmo desse ataque, já existiam várias informações que poderiam ter levado as autoridades a não deixar que Abdulmutallab entrasse no avião.

Quatro meses antes da tentativa de explosão, a National Security Agency (NSA) [Agência de Segurança Nacional] interceptou conversas telefônicas entre líderes da Al Qaeda, os quais conversavam sobre usar um terrorista nigeriano em um ataque. Mais ou menos na mesma época, os agentes antiterrorismo norte-americanos souberam que a Al Qaeda havia descoberto como esconder PENT nas roupas íntimas. Naquele mesmo mês de novembro, o próprio pai de Abdulmutallab havia ido à embaixada americana na Nigéria e dito aos funcionários que estava preocupado que seu filho estivesse sendo influenciado por militantes e fizesse algo temerário. Enquanto isso, as autoridades britânicas negaram um visto a Abdulmutallab porque ele se candidatou a estudar em uma instituição que não existia.

Apesar dos investimentos em tecnologia e planos de compartilhar informações, todas essas pistas — e muitas outras — sobre Abdulmutallab continuaram em bancos de dados separados, que foram incapazes de juntar as peças por si mesmos. O Centro Nacional Antiterrorismo dos Estados Unidos emprega especialistas que conseguem utilizar mais de 80 bancos de dados, mas fica a cargo dos especialistas pesquisar, destrinchar as informações e inter-relacionar as pistas. Em um relatório de 2008 da Comissão da Câmara dos Representantes nas Áreas de Ciência e Tecnologia desse mesmo país, os investigadores descobriram que o sistema era ineficaz.

"O programa não consegue ligar os pontos, pois ele não acha os pontos", disse na época o deputado Brad Miller, um democrata da Carolina do Norte.

A solução não é tentar construir um sistema de informações eficiente o bastante para selecionar constantemente as montanhas de dados obtidos por cada entidade pública e posto avançado de segurança, sempre tentando combiná-los com outros dados armazenados em outros lugares. Isso exigiria muito tempo e capacidade de processamento. Ao invés disso, os órgãos federais precisam de um sistema que funcione de forma semelhante ao cérebro de Wayne Gretzky, que sempre classifique dados e veja como se relacionam e, em seguida, use tudo isso para construir "blocos" e um modelo em constante evolução de como as coisas funcionam no universo do terrorismo. O enorme fluxo de dados viria de todo o mundo da mesma forma que uma pessoa capta grandes quantidades de dados através dos seus sentidos, e os dados novos seriam constantemente examinados pelo modelo preditivo que o sistema construiu. Assim como Gretzky no gelo, o sistema poderia, então, reagir em tempo real sobre o que estava "vendo" — e concluiria que se um agente da Al Qaeda estivesse falando sobre um terrorista nigeriano, e um nigeriano tivesse informado um funcionário americano sobre seu filho perigoso, cujo visto fora negado pelos britânicos, então não se poderia permitir que o homem embarcasse em um avião de passageiros com destino a uma cidade norte-americana.

O sistema não iria para onde está o disco — ele iria para aonde o disco está indo. Essa abordagem conseguiria impedir o início do próximo ataque terrorista.

Tipo Um, Tipo Dois e Córtex

No inverno de 1996, Ben Horowitz era apenas um desconhecido estrate-gista de produtos da empresa Netscape Communications quando abriu um e-mail cruel de seu chefe, Marc Andreessen. A oferta pública de ações da Netscape alguns meses antes havia despertado o entusiasmo pelas empresas "ponto com", e, por ser cofundador da Netscape, Andreessen enriqueceu e apareceu na capa da revista *Time*, sentado em um trono, descalço — a representação de um arrogante prodígio da tecnologia de apenas 24 anos de idade.

Contudo, Horowitz não se sentiu intimidado pelo chefe e ficou irritado ao saber que Andreessen havia vazado notícias para a imprensa especializada a respeito do lançamento de um software no qual a equipe de Horowitz havia trabalhado. Foi então que Horowitz enviou um recado para Andreessen que dizia simplesmente: "Acho que não vamos esperar até 7 de março" — a data planejada do anúncio. Em seguida chega um e-mail ríspido de Andreessen dizendo: "Seremos completamente esmagados pela Microsoft! Você está arruinando a reputação da empresa, e isso é 100% culpa da gerência do servidor do produto. Só estou tentando ajudar. Da próxima vez, vai dar a porcaria da entrevista sozinho. Vai se ferrar! Marc."[8]

Mais de doze anos depois, em um dia abafado de junho, Andreessen e Horowitz sentam-se à mesa em Manhattan, tomam um chá gelado, e riem em voz alta ao lembrar dessa história. "É por essas e outras que eu não devia administrar uma empresa", disse Andreessen. Os dois tornaram-se grandes amigos na Netscape. Andreessen fundou sua segunda empresa, Loudcloud, com Horowitz — e nomeou Horowitz diretor-executivo. Em 2009, eles abriram uma importante empresa de capital de risco chamada Andreessen Horowitz. Apesar de ter muito poder nas mãos, Andreessen não deixa de dizer que se unir a Horowitz para investir em empresas foi algo decisivo. Na região do Vale do Silício, Horowitz é considerado um conhecedor de diretores executivos de startups. É raro encontrar alguém como Horowitz, que saiba analisar, escolher ou orientá-los melhor. Ele escreve um blog bastante popular em que fala, principalmente, sobre líderes de negócios e decisões que devem ser tomadas. Por ser um diretor-executivo bem-sucedido na Loudcloud e na empresa sucessora, Opsware, além de ter investido em várias empresas como o Twitter, Horowitz parece entender a fundo essa questão.

Ele contou que acredita existirem dois tipos de pessoas no alto escalão das empresas:

- As do tipo um.
- E as do tipo dois.

E, segundo ele, o cérebro de cada tipo de pessoa funciona de forma totalmente diferente.[9]

O do tipo um é preditivo. O do tipo dois precisa utilizar inúmeras informações para chegar a uma conclusão. O do tipo um deve ser diretor-executivo, enquanto o do tipo dois não.

Como diretor-executivo da Loudcloud, Horowitz sabia tudo a respeito de sua empresa. Não estamos falando de informações, mas de conhecimento. Ele não precisava se lembrar de cada estatística de vendas ou dos resultados do setor financeiro, mas queria que as informações sobre os produtos, clientes, funcionários, desafios, e assim por diante, fluíssem em seu cérebro, o que o ajudava a se sentir em sintonia com a empresa. Basicamente, ele uniu fórmulas complexas, construiu um modelo de empresa e fez seus funcionários seguirem uma série de regras sobre valores e sobre como um diretor-executivo deve tomar decisões. Ao se deparar com um problema difícil de resolver, Horowitz quase que de forma instantânea sabia o que fazer. Disse ele: "Eu tinha um pressentimento acerca de algo e imediatamente sabia que estava certo. É um pressentimento baseado um nível elevadíssimo de conhecimento." Horowitz chegava até a pedir por detalhes ou mais informações, entretanto, geralmente não mudava de opinião. E se fosse necessário pensar rápido, permanecia confiante em seu instinto. Era capaz de prever o que ia acontecer e costumava acertar.

Horowitz acredita que é dessa maneira que um diretor-executivo de uma empresa de tecnologia tem que trabalhar. Disse Horowitz: "Quando investimos em empresas, observo se a empresa tem alguém com essa capacidade — agilidade e qualidade na tomada de decisão. Eles precisam ser os do tipo um e não os do tipo dois."

No universo de Horowitz, os do tipo um têm mais potencial para ser os fundadores. Eles são obstinados e corajosos. Dizem às pessoas o que pensam, e não o que as pessoas querem ouvir. Veem oportunidades e têm momentos de criatividade, como Gretzky no jogo de hóquei. Eles têm o conhecimento de tudo que acontece na empresa, e observam as coisas a partir de uma perspectiva mais ampla; os detalhes são mais uma questão de instinto.

Contudo, não se engane: os do tipo dois são, ainda, extremamente importantes para uma empresa. Os do tipo um precisam deles. Os do tipo dois prestam atenção aos detalhes; fazem as coisas acontecerem. Todavia, segundo Horowitz, eles não são tão visionários quanto os do tipo um. Afirma Horowitz: "Eles me dizem o que quero ouvir. Não confiam na própria intuição. Não têm coragem. Os do tipo dois não têm capacidade de previsão. Precisam de dados para tomar uma decisão. Quando a frase '*achamos* que isso é certo' sobrepõe-se a '*sabemos* que isso está certo'? Para os do tipo dois, nunca."

Os do tipo dois, na falta de um lado mais visionário, buscam constantemente estar atrás de uma pilha de dados, porém, até acessar tudo isso e entender o que significa leva tempo e, muitas vezes, não leva a mudança nenhuma na decisão. Para Horowitz, o diretor-executivo que é do tipo um tem os dois segundos de vantagem; já os do tipo dois, não.

Horowitz explicou em uma das postagens de seu blog: "Toda decisão que o diretor-executivo toma é baseada em informações incompletas. Na realidade, no momento da decisão, o diretor-executivo geralmente tem menos de 10% das informações normalmente presentes em um caso de estudo da Harvard Business School. Não há tempo suficiente para reunir todas as informações necessárias para tomar a decisão. O diretor-executivo deve tomar centenas de decisões grandes e pequenas ao longo de uma semana normal. Não há como parar todas as outras atividades para coletar dados abrangentes e fazer uma análise exaustiva para tomar apenas uma única decisão."[10]

O segredo para ser um ótimo diretor-executivo na área de tecnologia é ter uma mente eficiente e ágil, capaz de prever rapidamente o que vai acontecer e mostrar plena certeza a maior parte do tempo. O cofundador da Microsoft, Bill Gates, faz o papel do tipo um; já o seu sucessor, Steve Ballmer, é do tipo dois. O diretor-executivo da Apple, Steve Jobs, é o exemplo de como ser do tipo um. Os diretores executivos que tomaram conta da Apple enquanto Jobs esteve fora — e quase destruíram a empresa — eram todos do tipo dois.

Recuando no tempo: em 1979, Jeff Hawkins era um engenheiro recém-formado pela Cornell University, queria trabalhar para a Intel, porém, naquele outono, pegou uma edição da *Scientific American* dedicada ao cérebro, debruçou-se sobre os artigos e leu atentamente um dos textos finais da revista escrito por Francis Crick, neurocientista, biólogo molecular e um dos descobridores do DNA. Hawkins resumiu o artigo de Crick da seguinte forma: "Isso é tudo de bom, mas não sabemos sobre o cérebro."[11] Hawkins tomou isso como um desafio e começou a estudar a teoria do cérebro. Não conseguiu encontrar uma pós-graduação sobre o tema da qual gostasse e acabou entrando no ramo da computação. Contudo, continuou sua pesquisa sobre o cérebro na esperança de, em algum momento, voltar para a ciência do cérebro. Nos anos seguintes, Hawkins ganhou muito dinheiro inventando alguns dos mais importantes dispositivos móveis da história, incluindo o PalmPilot e Handspring Treo. Por fim, ele conseguiu conciliar seu interesse em computadores com seu interesse pela ciência do cérebro, convencido de que uma boa teoria do cérebro ajudaria na busca pela construção de máquinas inteligentes. Em 2002, fundou o Redwood Neuroscience Institute em Menlo Park, Califórnia (que se tornou o Redwood Center for Theoretical Neuroscience em Berkeley, em 2005), e começou a escrever um livro, *On Intelligence,* que foi publicado em 2004.

Em discursos e artigos, ele alegou que a neurociência produziu muitas informações sobre o funcionamento do cérebro, mas nenhuma boa teoria acerca do funcionamento da inteligência. Durante décadas, os cientistas acreditavam que a inteligência era definida pelo comportamento. Hawkins disse: "No entanto, isso está errado. Inteligência é definida pela previsão."[12]

O livro *On Intelligence* recorreu ao pensamento mais avançado no que diz respeito à ciência do cérebro e apresentou uma teoria da inteligência que se tornou muito influente. Hawkins chama a si mesmo de "chauvinista cortical", pelo fato do neocórtex (ou simplesmente "córtex", na fala comum) desempenhar um papel central na inteligência. No livro, Hawkins afirma: "Prever não é apenas uma das atividades do nosso cérebro. É a *principal função* do neocórtex e o pilar da inteligência."[13] (a ênfase é do autor).

A maioria das criaturas na natureza tem um cérebro que supervisiona o sistema nervoso central. Em um nível moderadamente elevado, como o de um jacaré ou esquilo, o cérebro guia um conjunto de comportamentos, ao qual chamamos de instinto. O cérebro diz ao jacaré como caçar e ao esquilo quando juntar nozes para a época de inverno. Animais mais grupais, como chimpanzés e golfinhos, desenvolveram comportamentos mais complexos, incluindo maneiras de se comunicar um com o outro e a forma de competir por uma companheira. Essa interação social conduziu à evolução dos cérebros mais elevados, conhecidos como os "cérebros mais antigos". Ao mesmo tempo, os seres sociais que desenvolveram melhor os cérebros em nível elevado viveram melhor e transmitiram a genética cerebral, ampliando, assim, o processo evolutivo. Enquanto os seres humanos levavam o comportamento complexo a novos e radicais níveis, o neocórtex humano crescia em sofisticação e tamanho. Tornou-se tão grande que teve que começar a dobrar sobre si mesmo para caber dentro do crânio humano, razão pela qual o cérebro possui essa aparência atualmente. O neocórtex é a camada mais externa do cérebro, e o neocórtex humano tem aproximadamente duas vezes o tamanho do neocórtex de qualquer outro mamífero. É onde as coisas realmente interessantes acontecem no cérebro: linguagem, atenção, consciência e memória.

O neocórtex humano é composto por seis camadas finas de células envoltas no cérebro antigo. Se fôssemos desdobrar as camadas do cérebro antigo e o esticássemos sobre uma mesa, puxando todas as dobras novamente, ele teria mais ou menos o tamanho de um jogo de mesa americano. O neocórtex possui cerca de 0,25 metro quadrado de área e uma espessura de aproximadamente 4 mm.[14]

As células da camada ultraperiférica ou inferior conduzem à percepção sensorial — coisas como sinais visuais que vêm do olho através do nervo óptico ou sons que passam ao longo das vias auditivas nervosas. A camada inferior movimenta esses sinais, quebrando-os em células menores e distintas. Um grupo de células no córtex é responsável por registrar um pequeno segmento vertical dentro de um determinado componente do nosso campo visual. Imagine uma sentinela olhando para o mundo através de um canudo. Sua única tarefa é relatar quando certa imagem geométrica aparecer na outra extremidade do canudo. É isso mesmo — um processamento distinto para cada grupo de neurônios.

Quando o sinal sensorial é acionado, as células inferiores nem sequer o analisam. Passam simplesmente para a próxima camada do neocórtex, lugar onde o cérebro começa a processar e combinar sinais de outras células. Esse processo se repete — as células da segunda camada passam informação para a terceira, que combina as informações em um nível mais elevado e, gradualmente, o cérebro começa a unir partes distintas da informação sensorial a uma imagem ou ideia, que compara com as milhões de imagens e ideias na memória. É assim que as formas tornam-se objetos, e objetos tornam-se conceitos. O segmento linear em uma determinada parte do nosso campo de visão combina-se com outros sinais das células mais próximas — digamos que as outras linhas em forma de arco se conectam ao original e, por fim, o seu cérebro diz: Ah, eu reconheço isso. É um círculo.[15]

Quando isso acontece, as células inferiores e superiores "disparam" ou emitem um sinal umas às outras com um pequeno pulso elétrico, fenômeno que os neurocientistas conseguem medir em dispositivos, como, por exemplo, a máquina de ressonância magnética funcional (Functional magnetic resonance imaging — fMRI). Podemos considerar o disparo como uma ativação de reconhecimento. Pesquisadores chamam-no de "ressonância" — uma espécie de acordo eletrônico entre as células de diferentes camadas.

Dessa forma, o neocórtex funciona um pouco como a divisão de trabalho em uma corporação — os níveis mais baixos (como os trabalhadores em uma fábrica de montagem) lidam com trabalhos muito específicos, com um pequeno universo de opções. E os níveis mais elevados do neocórtex (como os altos executivos) operam em um nível mais conceitual, movido por ideias. Os níveis mais altos recebem sinais de várias fontes, que são agregados e comparados com o que aconteceu no passado e dizem: Ok, eu já vi algo assim antes.

O conceito mais significativo entra em jogo: "representações invariantes". Significa basicamente que a entrada de informação não tem que formar um par perfeito. Conseguimos ver um monte de objetos em forma de círculo (pequenos e grandes, anéis de casamento e pneus de caminhão, bambolês, anéis de pistão, alça de plástico ou de metal etc.), e nosso cérebro reconhece todos eles como círculos. Podemos até mesmo ver parte de um círculo, digamos, um pequeno segmento de uma roda de bicicleta escondido atrás de uma parede, que o cérebro automaticamente preenche o resto. É como se o cérebro tivesse uma pasta armazenada com o rótulo genérico de "círculo", capaz de suportar grande variação nas informações que contém. Essa é a maneira pela qual seu cérebro reconhece uma vaca de verdade e uma representação em forma de desenho, como imagens que se enquadram na categoria de "vaca", mesmo que não sejam parecidas.

Essa flexibilidade é uma das principais diferenças entre como funciona um cérebro e como funciona um computador, disse Grossberg, da Boston University, que teve grande influência sobre Hawkins. O cérebro pode classificar as coisas seguindo um modelo, sem ficar preso a regras rígidas. Como disse Grossberg, o cérebro é flexível o suficiente para entender não apenas regras, porém "regras mais exceções".[16] No meio tecnológico, isso se chama lógica indistinta. Computadores, que operam sobre o cálculo frio de regras e absolutos, são terríveis em lógica indistinta (Jeff Hawkins tem uma nova empresa, Numenta, que está trabalhando para mudar isso, um assunto abordado mais adiante no livro.).

As células superiores do neocórtex não ficam apenas esperando pacientemente que os sinais cheguem até elas para identificação.

Esse é um exemplo em que a previsibilidade precisa estar junto. As camadas de cima também enviam sinais de volta para baixo, isto é, para as camadas inferiores do córtex. Cada neurônio possui conexões com milhares de outras células no cérebro, e as camadas superiores preparam as células da camada inferior, informando a elas o que esperar. Nosso cérebro vira para a memória e diz: Olha, eu já vi algo como isso antes, e com base nessas experiências e na minha compreensão dos princípios físicos do mundo, aqui está o que eu acho que vai acontecer em seguida. Um pesquisador sueco chamado David Ingvar estava entre os primeiros a formalizar essa ideia. Ele a apelidou de "memória do futuro".[17] É o que Gretzky tinha em abundância. É a chave para um diretor-executivo do tipo um, conforme Horowitz tanto valoriza.

A transferência de informações entre as camadas superior e inferior do neocórtex flui constantemente em ambas as direções — um ciclo recorrente de previsão, comparação, identificação e ajuste. Na verdade, o cérebro contém muito mais caminhos em busca de indícios provenientes de cima para baixo do que o contrário. Ele parece ter mais imagens para prever as coisas no mundo do que para a coleta sensorial de dados. Estamos constantemente fazendo previsões, adivinhando e aprendendo alguma coisa quando elas se revelam certas ou erradas. Alguém diz que você está indo se encontrar com Bill Clinton, e logo você visualiza como ele é. Mas descobre como ele é realmente ao verificar se as suas previsões estavam certas ou erradas.[18]

Temos esse tipo de ciclo de previsão durante todo o dia, em um nível um pouco abaixo da consciência. Grossberg disse: "Quando você desce as escadas na parte da manhã, vai até a geladeira e abre a porta, você está preparado por uma série de coisas sobre o que espera encontrar quando abrir a porta."[19] Se você pegar o suco de laranja, seu cérebro emite automaticamente uma série de previsões com base em experiências de manhãs anteriores, quando você foi até a mesma geladeira, abriu a mesma porta e apanhou o suco. Essas previsões influenciam também as nossas experiências do mundo físico ao mantermos armazenados na memória: como é a caixa do suco, como é pegar o objeto na mão, como os músculos do braço funcionam, como a gravidade funciona. E seu cérebro, em seguida, distingue essas previsões da sua experiência real.

Para pegar a caixa, você precisa guiar sua mão em direção a ela, dobrar com sucesso os dedos em torno de três lados e segurar aplicando a pressão correta — não muito firme, caso contrário, você a esmaga. Quando você levanta a caixa, tem a noção da força necessária. Todo esse processo acontece em um nível ligeiramente abaixo do pensamento consciente, no piloto automático. Funciona quando as previsões do cérebro são altamente precisas.

Pesquisas recentes estão estudando por que o cérebro trabalha dessa maneira. Em 2010, uma equipe da Duke University, liderada pelo pesquisador Tobias Egner, estudou os neurônios visuais usando imagens do cérebro. A equipe encontrou "provas claras e diretas" de que o cérebro prevê o que vai ver e compara as previsões com as imagens que chegam através dos olhos. O que você "vê" é algo que abrange os dois. "O córtex visual dá a nossa interpretação, o palpite do que seja o objeto, enquanto nós vemos o objeto", relata Egner. A equipe de Duke disse que a pesquisa foi significativa o suficiente para mudar a forma dos neurocientistas estudar o cérebro.[20]

A previsão parece permitir que as pessoas coloquem a atenção em tarefas de fato importantes e filtrem os dados sensoriais que constantemente aparecem. "A consciência é apenas uma parte minúscula do que estamos fazendo", disse Joaquin Fuster, professor emérito de Psiquiatria e Neurociência na UCLA School of Medicine. Na época da nossa conversa, ele estava trabalhando em um livro sobre como o cérebro faz previsões. "Noventa e nove porcento do que estamos fazendo em determinado momento é totalmente inconsciente. E tem de ser assim. Caso contrário, não conseguiríamos viver. É somente quando algo inesperado ou ambíguo acontece que nos tornamos potencialmente consciente disso."[21]

Outro motivo para o cérebro funcionar de tal maneira é o fato de ele permitir que as pessoas identifiquem e aprendam rapidamente coisas inesperadas, que é uma habilidade útil em um ambiente complexo e em mudança. A maioria de nossas atividades cotidianas coincide com nossas previsões, e esta informação simplesmente não é tão importante quanto àquelas que mudam. Você já sabe como lidar com questões previsíveis, enquanto àquelas que são novas podem exigir uma mudança de comportamento — significa que é necessária certa aprendizagem.

Conforme Grossberg disse: "Nossos cérebros permitem que nos adaptemos com sucesso a cada momento, aos desafios do meio ambiente."[22]

Poderia uma empresa ou outra organização aprender a agir dessa forma também? Um número crescente, incluindo as empresas Sisters of Mercy Health System, Sam's Club e Caesar's Entertainment, estão tentando coisas novas. Como veremos mais adiante, prever o cliente e o comportamento competitivo será um importante diferencial nos negócios do século XXI.

Paula Tallal é codiretora do Center for Molecular and Behavioral Neuroscience da Rutgers University e cofundadora da Scientific Learning Corporation, que faz programas de computador semelhantes a videogames para aumentar o desenvolvimento das habilidades no cérebro das crianças. Quando ela começou a se envolver com a ciência do cérebro, estava trabalhando com adultos que haviam perdido suas capacidades linguísticas, como resultado de danos cerebrais. "Eu estava um tanto quanto espantada e horrorizada de como podemos perder a capacidade de nos comunicar, de nos expressar ou mesmo de entender o que outras pessoas dizem", Tallal lembrou.[23] Esse interesse transformou-se em uma carreira ao estudar crianças que tinham dificuldade em falar ou ler. Cerca de 8% das crianças que têm dificuldade de discernimento lutam para aprender a linguagem. Tallal envolveu-se na investigação do cérebro para tentar descobrir por que isso acontece e se algo poderia ser feito para melhorar a capacidade linguística das crianças.[24]

É um problema interessante, porque a linguagem é tão veloz e complexa que o seu processamento é o mais rápido com o qual o cérebro tem de trabalhar. O cérebro tem de discernir a menor mudança de fonemas — por exemplo, distinguir o som entre "dá" e /tá/ — e ainda ligar esses sons a palavras, frases, ideias e conceitos complexos que todos eles representam. O cérebro tem de fazer tudo em milésimos de segundo ou corre o risco de perder as próximas palavras em uma conversa.

O problema que Tallal identificou é também interessante para os nossos objetivos, porque se olharmos para a pesquisa com cuidado, Tallal vem estudando o que se configura como o inverso do talento. Em vez de tentar descobrir por que um grupo excepcional é mais talentoso do que o normal, ela tem trabalhado para descobrir por que um grupo atrasado é menos talentoso do que o resto da população. Em seus estudos, o talento está na linguagem.

Uma parte importante da pesquisa de Tallal volta-se ao aspecto da função cerebral chamada de "chunking" ou unidades de informação. O chunking é importante para a previsão e para o talento.

A pesquisa verificou uma propriedade física do cérebro chamada lei de Hebb, em homenagem ao cientista Donald Hebb, considerado o pai da Neuropsicologia. A versão abreviada comum da lei é a de que "neurônios que disparam juntos conectam juntos". Contudo, há uma nova reviravolta. Neurônios que disparam juntos quase simultaneamente ao mesmo tempo conectam-se juntos e podem reproduzir o modelo igual e simultaneamente ao mesmo tempo.

Experiências fazem os neurônios dispararem. Então, digamos que uma criança ouve a palavra "carro", quando o pai aponta para um carro. O som da palavra "carro" e a imagem de um carro são codificados nos neurônios e conectados entre si por axônios. Repetição e previsão reforçam essa ligação. A próxima vez que a criança vir um carro, ela estará prevendo — uma fração de segundo à frente do tempo que seu pai vai dizer "carro". Quando a previsão estiver certa, o sentimento de satisfação passa pelo cérebro e a conexão fica fortalecida. Ao longo do tempo, a criança vê que outros tipos de veículos são carros, que têm propriedades diferentes e que há outras palavras para carros, como "automóvel". Com o tempo, o conhecimento é adicionado, o modelo de conexões se torna mais complexo e refinado. Quando a previsão sobre o conceito de carro é verificada, o modelo fica mais forte. Se uma previsão não corresponde ao que realmente acontece, essa parte do modelo é ajustada ou esquecida. É assim, basicamente, como a aprendizagem funciona.

A criança constrói uma unidade de informação, um modelo complexo de informações que dispara no mesmo instante, a respeito do carro. Ouvir a palavra "carro" ou ver um carro ou experimentar qualquer coisa que tenha a ver com um carro fortalece a unidade de informação. A compreensão do que seja um carro emerge a partir do som da palavra e a visão da imagem, buscando uma rica compreensão do conceito de carros que vem à mente em milésimos de segundo, porque todos os neurônios de armazenamento ligados ao "carro" disparam os dados ao mesmo tempo.

Nós unimos informações a respeito de qualquer coisa. Estamos a todo instante unindo informações. A criança tem de descobrir como ficar em pé e em equilíbrio. Ao obter a unidade de informação, o equilíbrio torna-se automático e ela passa a dar os primeiros passos. Uma vez internalizados, os passos se tornam automáticos e ela consegue executá-los. Unimos informações sobre a linguagem. Unimos informações ao dirigir (Enquanto nada de anormal estiver acontecendo, os motoristas mais experientes podem dirigir a 100 quilômetros por hora, quase sem prestar atenção no que estão fazendo.). Nós unimos informações acerca do comportamento do nosso cônjuge, dos sons da música, da digitação, do aparelho de barbear e da forma como fazemos o nosso trabalho. Unimos informações sobre o nosso café da manhã

— como pegar o suco de laranja da geladeira. Sem as unidades de informação, teríamos que pensar em tudo como se fosse pela primeira vez. A unidade de informação ou o chunking faz sentirmo-nos eficientes. Quanto maiores, mais complexas e refinadas forem nossas unidades de informação, mais eficientes seremos.

Previsão e unidade de informação caminham juntas. A unidade de informação alimenta a previsão, que é enviada pelas camadas do neocórtex e diz: Eu vi esse modelo antes, e é isso o que deveria acontecer. Se a previsão estiver correta, a unidade de informação fica fortalecida. Se a previsão estiver errada, a unidade de informação aprende. Seu cérebro percebe que algo sobre a unidade de informação tem de ser ajustado e presta atenção. A nova experiência é adicionada à unidade, que testa o novo modelo, gerando uma nova previsão da próxima vez. As previsões criam as unidades de informação; as unidades conduzem as previsões, o resultado dessas previsões melhora as unidades... e assim por diante. Se você tem boas unidades de informação, tem boas previsões. Quando prevemos melhor, construímos unidades de informação mais solidificadas.

Prever corretamente é gratificante e nos dá um sentimento de segurança. O cérebro está prevendo para tentar reduzir a incerteza, porque a incerteza em geral nos torna ansiosos. Tallal sugere que esta seja a razão pela qual as crianças pequenas pedem a um adulto para ler o mesmo livro várias vezes. A criança ainda está construindo as unidades de informação, os sons individuais das palavras e estas em frases gramaticalmente corretas. Ouvir os mesmos sons, seguidos por outros sons em uma determinada ordem, ensina à criança os sons da língua. Ao ouvir as mesmas palavras seguirem outras palavras em sequências previsíveis, combinadas com as imagens como reforço, a criança ganha a habilidade de prever quais palavras vêm na sequência, enquanto vai aos poucos absorvendo as regras da gramática de sua língua. Claro, isso acontece quando uma criança está ouvindo as pessoas falando, porém, o mais previsível de tudo é quando uma história é lida várias vezes, ou quando uma criança aprende rimas. Quando as previsões da criança são verdadeiras, isso é satisfatório, e os sons começam a se ligar às unidades de informação, criando a compreensão da linguagem.[25]

Isso remonta à questão de Tallal: Por que algumas crianças lutam com a linguagem, embora pareçam ter todas as capacidades físicas de crianças que não têm problemas de aprendizagem da língua?

A resposta está na velocidade de processamento dos sons, que por sua vez tem muito a ver com a unidade de informação. A pesquisa que Tallal e April Benasich realizaram com bebês nos primeiros meses de vida mostrou que houve diferenças significativas na taxa de processamento auditivo de cada criança. Quando apresentaram dois tipos de tons diferentes em ordens diferentes para as crianças, alguns bebês precisaram de apenas dezenas de milissegundos (um milésimo de segundo é um segundo dividido por mil) de silêncio entre os dois tons para responder corretamente. Outros precisaram de várias centenas de milissegundos.

Essa característica acaba por ser importante para a construção de unidades de informação para a linguagem, porque a diferença acústica entre um som da fala e um outro pode depender de diferenças acústicas que ocorrem em menos de quarenta milésimos de segundo. Se o cérebro de uma criança pode processar a informação rapidamente, ela será capaz de unir as informações dos sons acústicos em um alto nível de refinamento. Se o cérebro de outra criança precisar de centenas de milissegundos para processar a mesma informação, essa criança não será capaz de codificar os sons da fala em partes mais finas. Em vez disso, ela vai construir as unidades dos sons mais amplos, como sílabas ou palavras curtas, que ocorrem ao longo de várias centenas de milissegundos.

Por que essa diferença no processamento acústico tardaria o desenvolvimento da linguagem e criaria problemas de leitura? A riqueza de uma língua vem da capacidade de ter um pequeno conjunto de sons que podem ser combinados em um número muito grande de formas para se fazer um número quase infinito de palavras únicas, frases e parágrafos. Em vez de ter de memorizar cada sílaba ou uma palavra em nossa língua como um evento único, só precisamos aprender alguns fonemas e, então, através da experiência, aprender a probabilidade estatística em que os fonemas na maioria das vezes seguem outros para formar sílabas e palavras, e quais palavras são mais propensas a seguir outras palavras para formar frases gramaticalmente corretas para transmitir o significado que pretendemos. É exatamente isso de que precisamos, uma previsão bem apurada.

Quando adicionamos tudo isso, a pesquisa de Tallal sobre habilidades da linguagem infantil mostra que a falta de talento em certa área corresponde a uma relativa falta de precisão nas unidades de informação — o que resulta em menor velocidade de processamento. As crianças que são relativamente talentosas em linguagem mais complexa fazem o processamento das unidades de informação mais instantaneamente do que crianças que não são boas em linguagem.

Então, por que algumas crianças possuem vantagem de velocidade de processamento em relação a outras? A investigação tem sugerido muitos fatores em potencial que podem influenciar a velocidade de processamento de cada indivíduo. Esses fatores incluem ter um histórico familiar de problemas de aprendizagem de línguas, ser portador de deficiência auditiva ou uma criança que teve várias infecções no ouvido no início da vida, o que pode dificultar a rapidez com que o som vai do ouvido ao cérebro. O processamento em forma de onda acústica da fala é a coisa mais rápida que o cérebro humano tem que fazer, portanto, estar exposto continuamente à fala é importante para a prática de processamento acústico rápido. Quanto mais uma criança ouve, mais experiência o seu cérebro tem em praticar o processamento rápido. Muitas crianças simplesmente não têm bastantes experiências com som para construir unidades de informação e testar previsões. Essas crianças não estão em lares onde os adultos falam ou leem para elas, muitas vezes suas famílias estão em situação socioeconômica mais baixa, na qual, talvez, os pais possuam menor grau de escolaridade, têm de trabalhar longas horas e raramente estão presentes. Conta Tallal: "Quanto maior a amostra de sons da linguagem, mais desenvolvidos os modelos se tornam. Até o momento das crianças de uma família socioeconômica mais baixa entrarem na escola, elas poderão chegar a um déficit de 30 milhões de palavras que não ouviram ser ditas. Quanto mais você puder prever, mais rápido irá processar, e você precisará de muitos exemplos para alimentar essas previsões."[26]

Unidades de informação, então, representam a criação dentro do cérebro de modelos mentais superesficientes que processam os acontecimentos em um instante — e têm um peso decisivo no talento das pessoas. Se esses modelos mentais das unidades de informação são responsáveis pelo talento nos seres humanos, alguma versão ou modelagem das unidades de informação deveria ser uma forma de inserir talento nas máquinas.

Uma outra observação a respeito da previsão e unidades de informação: enquanto as previsões que demonstram estar certas são satisfatórias, as previsões que *sempre* estão certas se tornam chatas. Ao se formar um modelo, ele coloca essa atividade no piloto automático. Desde que a previsão corresponda à realidade, não é necessário prestar muita atenção. No entanto, de vez em quando, o seu cérebro necessita de estímulo ou variedade — e o estímulo se dá quando algo está fora da capacidade de previsão. Acontecimentos imprevisíveis e novos ao nosso redor chamam nossa atenção e nos motivam a aprender.

Uma criança pode querer ler o mesmo livro várias vezes, mas uma vez que ela organizou em blocos todas as unidades de informação a respeito do livro, consegue prever tudo e vai querer ler um livro diferente, talvez mais complexo. Uma pessoa de 40 anos de idade consegue sentir estímulo e satisfação ao ouvir a mesma música durante décadas, mas compra músicas novas e diferentes que estão fora de seu modelo de previsão, de forma a estimular seu cérebro. O desejo por estímulo — essas experiências fora da previsão — leva algumas pessoas a passar as férias em outros países, experimentar pratos novos, comprar novos produtos, procurar novos empregos e, até mesmo, trair os cônjuges.

Curiosamente, o grau desejado de estimulação fora da previsão varia de pessoa para pessoa. Alguns preferem o conforto proporcionado por aquilo que conhecem — o que podem prever — e optam mais por segurança que por estímulo. Vivem no mesmo bairro há décadas, saem de férias para o mesmo local e compram sempre as mesmas marcas. No outro extremo, estão as pessoas que costumamos chamar de inquietas ou de aventureiras. Elas adoram desafiar as próprias previsões. São aquelas pessoas que baixam cantos de monges tibetanos, porque é um estilo de música totalmente diferente do que conhecem. Estão sempre viajando para lugares distantes, lendo autores obscuros e, geralmente, estão abertas a experimentar qualquer novidade.

Com certeza o nível de desejo de testar a previsibilidade tem peso no desenvolvimento de talentos. Se alguém é muito seguro nas suas escolhas de experiências, pode acontecer de não ter experiências novas suficientes para construir um modelo melhor, que faça previsões mais complexas com precisão. No entanto, se a pessoa for muito aventureira, suas experiências não são repetidas o suficiente para se solidificarem em unidades de informação que disparem e gerem previsões precisas e complexas. Aperfeiçoar talentos requer um equilíbrio de ambos — um desejo de ir além do confortável, ainda assim uma vontade de fazer as mesmas coisas várias vezes para reforçar as ligações entre os neurônios que compõem as unidades de informação. A aprendizagem acontece quando as previsões falham e o nosso cérebro presta atenção em algo novo. A aprendizagem se torna conhecimento quando as previsões são bem-sucedidas e nossos cérebros reforçam e armazenam as unidades de informação.

A pesquisa de Tallal mostra que a capacidade de gerar previsões rápidas, precisas e complexas é uma diferença fundamental entre as crianças que são aprendizes talentosas e as que não são. Previsibilidade é a chave para um talento excepcional. Pessoas que são extremamente talentosas em um campo ou habilidade fazem previsões de maneira mais rápida, precisa e complexa do que as demais.

Com o tempo, Wayne Gretzky construiu unidades de informação incrivelmente complexas sobre o que acontece em um jogo de hóquei. Ele conseguia ver um conjunto de movimentos em um jogo, que lhe trazia unidades de informação de uma vez só ao demonstrar a dinâmica do jogo. Seu cérebro instantaneamente reconhecia que ele tinha visto aquilo antes e previa o que iria acontecer em seguida. A previsão estaria frequentemente certa, e Gretzky faria um passe que ninguém achava possível. A unidade de informação permitiu-lhe processar o jogo tão rápido que o fez muitas vezes entender o que estava para acontecer antes dos outros jogadores. E pelo fato de as previsões corretas possibilitarem ao cérebro processar sem esforço o que estava acontecendo, a mente de Gretzky poderia ficar mais no piloto automático do que a maioria dos jogadores, permitindo que sua atenção se concentrasse em mudanças sutis que poderiam passar despercebidas aos outros jogadores, como um modo de ludibriar o posicionamento do goleiro adversário.

Para Ben Horowitz, o cérebro de um diretor-executivo "do tipo um" opera no negócio da maneira que o cérebro de Gretzky opera no gelo. O diretor-executivo guarda certos detalhes sobre sua empresa e indústria, de modo que consegue ver uma situação e conhecer toda a dinâmica do jogo, fazendo uma previsão sobre o que vai acontecer. As unidades de informação de seu cérebro permitem processar os negócios de todos os dias no fundo de seu cérebro e prestar atenção às mudanças ou oportunidades que outras pessoas podem perder. Ele consegue fazer tais decisões com tanta rapidez e certeza que parece que está reagindo por instinto. Todavia, na realidade, seu cérebro é capaz de disparar uma unidade de informação complexa de uma só vez, de modo que ele vê a resposta em um instante — e geralmente acerta.

Como vimos, um fator de grande contribuição para o desenvolvimento de talentos é o treinamento. As crianças precisam ouvir milhões de palavras ao longo de milhares de horas, a fim de construir unidades de informação complexas e necessárias para o processamento rápido da linguagem. Gretzky jogou hóquei cada vez mais a partir do momento que conseguiu andar de patins. Pianistas profissionais treinam tanto que nem mesmo pensam nas notas durante o concerto, apenas no desempenho dos sons e em como o público está reagindo. Em seu livro *Outliers: The Story of Success*, Malcolm Gladwell define o padrão de 10 mil horas como a quantidade de tempo necessário para se tornar um especialista. Pratique bastante uma habilidade, e você irá formar unidades de informação como um modelo mental capaz de processar essa habilidade melhor e mais rapidamente do que a maioria da população. Você se torna um especialista ou uma estrela em seu campo, pois consegue ver e prever de uma forma que os outros não conseguem (Se você está pensando: 10 mil horas são cerca de três anos e meio, considerando oito horas por dia, sete dias por semana.).

Curiosamente, apesar das vantagens potenciais de descobrir como fazer com que mais pessoas sejam mais talentosas, poucos estudos científicos têm examinado especificamente como o talento funciona no cérebro. Menos ainda se tem debruçado sobre o processo de previsão e seu papel no talento.

Aqui está um exemplo de um estudo empírico que buscou descobrir uma correlação entre previsibilidade e talento. Em 2005, no London's Institute of Cognitive Neuroscience, os pesquisadores analisaram dançarinos profissionais do Royal Ballet de Londres, com especialidades diferentes: alguns eram treinados em balé e outros em uma forma de dança chamada *capoeira*, uma fusão das artes da dança e artes marciais que vem do Brasil. Houve também um grupo de controle de pessoas que não sabem dançar.[27] Os membros de cada grupo foram digitalizados em um scanner fMRI enquanto observavam vídeos de diferentes tipos de dança. Os pesquisadores rastrearam a atividade cerebral dos dançarinos. As pessoas no grupo de controle não mostraram muita atividade cerebral quando assistiam aos vídeos, independentemente do estilo de dança. Elas poderiam muito bem ter assistido a *Os Simpsons*. Da mesma forma, bailarinos que assistiram aos vídeos de capoeira não mostraram muita atividade cerebral — e vice-versa. Contudo, quando foi mostrado aos dançarinos os vídeos de pessoas dançando no estilo que eles sabiam, seus cérebros ficaram iguais a uma máquina de pinball. Eles estavam "fazendo" os movimentos dentro de suas cabeças, comparando os sinais visuais que chegavam à memória e prevendo o que estava por vir.

Até agora a pesquisa deixa muitas perguntas sem resposta sobre o talento e o cérebro. O quanto de talento individual é o resultado de "hardware" — um cérebro geneticamente bem afinado? O quanto é "software", as experiências e aprendizagens que dão origens às unidades de informação? Horowitz acredita que, nos negócios, os profissionais do tipo um e do tipo dois conseguem aprender bastante acerca de uma empresa, entretanto, os do tipo um operam em um nível superior. "É difícil transformar o do tipo dois em um do tipo um", disse Horowitz.

No entanto, como Tallal descobriu, um talento pode ser desenvolvido até certo grau, não precisa ser nato. Portanto, se as pessoas conseguem aprender como se tornar talentosas, talvez as máquinas possam também.

Há uma boa razão para que não tenha havido uma grande quantidade de estudos científicos em torno da natureza empírica da previsão de talento. Seria difícil, por exemplo, colocar o quarterback (uma posição do futebol americano) superstar Peyton Manning em uma máquina fMRI e observar sua atividade cerebral enquanto estiver tomando decisões de previsão durante um jogo de futebol. Como também seria inviável conectar nessa máquina um CEO superstar enquanto ele está tomando decisões na empresa. (No entanto, isso pode mudar. No final de 2010, a University of California's Swartz Center for Computational Neuroscience anunciou que tinha inventado uma "modalidade de imagem de cérebro/corpo móvel" que poderia capturar a atividade do cérebro "conforme os sujeitos realizavam ativamente movimentos naturais"[28])

Ainda assim, alguns trabalhos teóricos interessantes ajudam a lançar luz sobre a previsibilidade e seu papel no talento.

Na Columbia Business School, William Duggan apresentou o conceito de *intuição estratégica* enquanto estudava Napoleão Bonaparte.[29] Duggan voltou-se para o clássico livro *Da Guerra*, de Carl von Clausewitz, publicado pela primeira vez em 1832. Von Clausewitz descreveu como Napoleão venceu seus primeiros combates aos 24 anos, quando era um general teimoso a quem nenhum dos outros oficiais levava a sério. Napoleão tinha pouca experiência no campo de batalha, contudo, havia estudado extensivamente história militar, especialmente detalhes de como foram as batalhas ganhas e perdidas. Ele carregou todas essas informações em sua cabeça, junto com tudo o que podia aprender sobre seu próprio exército, seus adversários e a geografia do campo de batalha, e depois colocou seus homens para marchar e lutar *sem muito planejamento*. Não tinha um plano predeterminado de como lutaria em uma batalha, ao contrário de Gretzky, que sabia como iria marcar um gol. Em vez disso, Napoleão assistia ao desenrolar dos acontecimentos e tinha a presença de espírito para vê-los a partir de uma perspectiva altamente estratégica, esperando por um insight ou um *coup d'oeil*, conforme von Clausewitz descreveu.

Em um campo de batalha na década de 1790, época em que as pessoas e as informações viajavam lentamente, talvez não tenham sido dois segundos de vantagem, porém mais de duas horas ou até mesmo dois dias de vantagem. No entanto, Napoleão foi capaz de entender os eventos e fazer previsões imediatas sobre o que aconteceria se ele tomasse uma determinada atitude. Ele poderia fazer isso melhor e mais rápido do que os outros generais, saindo vitorioso das batalhas. Na primeira campanha italiana de Napoleão, seu exército de 35 mil homens enfrentou dois exércitos inimigos, cada um com 35 mil soldados. Em outras palavras, ele venceu de dois a um. Se Napoleão ficasse preso às ordens originais do exército francês, teria batalhado o dobro do que fez e, certamente, teria perdido. Em vez disso, viu uma oportunidade e a explorou: colocou seu exército para marchar entre as outras duas forças, virou e venceu um, então se virou e derrotou o outro.

Ao ler a descrição de von Clausewitz, Duggan disse: "Ocorreu-me que parecia muito com a pesquisa moderna acerca da intuição especialista." Ele conectou-a com as ideias mais recentes em neurociência, que o levaram a escrever um livro, *Napoleon's Glance*. Duggan definiu a ideia de intuição estratégica da seguinte forma: foi "a projeção seletiva de elementos passados no futuro, em uma nova combinação, como um curso de ação que pode ou não se adequar às metas anteriores".[30] Em outras palavras, isso significa predizer o que vai acontecer baseando-se em eventos e ações imediatas a tomar com base essa previsão. Parece muito com Gretzky no gelo ou com um diretor-executivo de empresa de tecnologia do tipo um. Todo mundo faz essas previsões até certo ponto, porém, o mais talentoso entre nós simplesmente as faz melhor e mais rapidamente que os demais. Napoleão foi o Wayne Gretzky do século XVIII nas campanhas militares europeias.

Gary Klein da Applied Research Associates é um dos pensadores mais conhecidos quando o assunto é tomar decisões — especialmente decisões em segundos em momentos de estresse ou ação.[31] Ultimamente, ele está zerado com o que chama de *pensamento antecipatório*. Mais uma vez, é algo que todos nós fazemos e ficamos melhores à medida que aprendemos mais e mais a formar unidades de informação para que possamos colocá-las no piloto automático.

Segundo Klein, novos motoristas se envolvem em mais acidentes do que motoristas experientes, porque eles estão prestando muita atenção aos princípios da condução e ainda não têm um modelo mental para os padrões que sinalizam problemas na estrada. Quanto mais os motoristas ganham experiência, maior parte do processo de condução é feita no piloto automático e "ficam mais sensíveis aos sinais discretos que seriam ignorados por aqueles com menos experiência", escreveu Klein. Os motoristas mais experientes veem os eventos que estão ocorrendo, antecipam o que vai acontecer e tomam medidas para permanecer seguros. "Eles têm uma vantagem na detecção de problemas", escreveu Klein. E essa vantagem é o pensamento antecipatório. Novamente, quanto mais alguém está pensando em antecipação, melhor ele se sai, concluiu Klein.[32]

Klein acrescenta dois pensamentos importantes a respeito da previsibilidade.

Primeiro, as pessoas que têm talento não podem apenas fazer previsões baseadas em eventos, mas também devem fazer previsões com base na *falta* de eventos.

Isso significa que elas percebem as notas que não foram tocadas porque alguém na orquestra esqueceu delas, ou se dão conta do acordo que não aconteceu ou do movimento que o adversário não fez. É algo muito mais sutil do que o processamento das coisas que acontecem, e tem um maior nível de conhecimento e de pensamento. Todavia, isso vai revelar-se particularmente importante quando se discutir a colocação da habilidade de previsão em sistemas de computador. Bancos de dados não podem processar eventos subentendidos. Se algo não acontecer, os dados não são criados, e se não há dados, o software de hoje não pode fazer uso dos dados, embora haja informações valiosas nas coisas que deixam de acontecer. Um exemplo simples: se alguém vai a um site de e-commerce, pesquisa, mas não registra ou compra qualquer coisa, a informação desaparece. O site não reconhece que alguém que pudesse se tornar um cliente entrou e saiu, ou o porquê. Se os computadores vão se tornar preditivamente talentosos, eles terão de ser capazes de ler e entender os eventos não existentes. Isso seria uma mudança profunda da tecnologia da informação como funciona atualmente. No nível corporativo, uma empresa como a Xcel Energy poderia procurar por ausência de ligações telefônicas para saber que uma interrupção de energia tenha se resolvido por conta própria.

Outro pensamento importante de Klein é que o pensamento antecipatório não acontece apenas nos cérebros individuais. "Acreditamos que o pensamento antecipatório é fundamental para o desempenho eficaz de indivíduos e *equipes*", escreveu Klein com dois coautores, David Snowden e Chew Lock Pin, no livro em que estava trabalhando quando conversamos (grifos nossos). Se o pensamento antecipatório — ou previsibilidade, ou intuição estratégica — pode ocorrer em equipe, ele deve ser capaz de ser realizado em organizações maiores. O truque é criar sistemas que tornem isso possível.[33]

Dois conceitos relacionados ao talento da previsão fizeram história na cultura popular desde meados da década de 2000. Eles são *blink* [piscar] e *flow* [fluxo]. O livro de Malcolm Gladwell, de 2005, *Blink: The Power of Thinking without Thinking*, explorou a intuição humana. Instintos estão muitas vezes certos, e às vezes são melhores do que pensamentos e decisões analíticas, descobriu Gladwell. E as pessoas podem obter o melhor da intuição. As pessoas, segundo descrito por Gladwell em *Blink* "são muito boas no que fazem e... devem seu sucesso, pelo menos em parte, a medidas que tenham adotado para moldar, gerenciar e educar suas reações inconscientes. O poder do saber, naqueles primeiros dois segundos, não é um dom dado magicamente a poucos afortunados. É uma habilidade que todos podemos cultivar em nós mesmos".[34]

O conceito de "fluxo" foi proposto e popularizado pela pesquisa do psicólogo Mihaly Csikszentmihalyi. Ele descreve o estado de completa imersão e foco total, quando o tempo parece desacelerar e tudo dá certo. É o absoluto e ideal estado mental humano. Quando, nos esportes, alguém está prestes a entrar em um grande jogo, encontra-se provavelmente em um estado de fluxo, perdendo todo o senso de autoconsciência e de tempo, simplesmente deixando o instinto assumir. Contudo, isso não se limita ao esporte — um empresário em uma grande apresentação poderia estar em um estado de fluxo, ou um cirurgião completamente imerso na operação em questão.

O fluxo parece ser um puro estado de previsibilidade. A pessoa em um estado de fluxo dispara as unidades de informação tão rapidamente e sem perceber que se sente como se pudesse ver o que vai acontecer antes que aconteça, agindo com total certeza e confiança. É fácil ser confiante quando você sabe o que sua ação irá produzir.

Mais adiante neste livro, veremos como a pesquisa do cérebro e as teorias sobre as previsões e talento aplicam-se a indivíduos talentosos. E vamos explorar como os mesmos conceitos podem trabalhar em máquinas e empresas. Entretanto, primeiro vamos ver como algumas dessas características se reúnem na cozinha de uma chef famosa conhecida por fazer misturas inusitadas.

Elizabeth Falkner é uma dos melhores chefs de cozinha em São Francisco. Ela abriu o Citizen Bake como uma pequena padaria, que se tornou um restaurante de sucesso. Ela abriu também o Orson, um restaurante aclamado pela crítica no bairro chique de South of Market, que serve comida estilo bistrô em um ambiente moderno (Os nomes dos restaurantes são homenagens a Orson Welles e seu filme *Cidadão Kane* — exemplo do conhecimento adquirido por Falkner na faculdade de Cinema.). Falkner está sempre ligada à Food Network, é uma mulher de cabelos platinados espetados com uma estética punk, geralmente vestindo jeans rasgado e camisa de estilo roqueiro.

É conhecida por reunir ingredientes que não parecem que podem ou devem ir juntos. Há o fettuccine com laranja, frango frito e kimchi, e as costelas de carne com ricota gnudi. Ela criou uma sobremesa que é essencialmente um Monte Cristo servido com sorvete de amêndoa defumada. Seus pratos ganham prêmios e têm uma clientela fixa.

Pedimos a Falkner para nos ajudar a tentar entender como ela pode bolar pratos como esses e *saber* que vão ser bons.

Para explicar seu processo de pensamento, Falkner mostrou uma de suas criações mais recentes, uma sobremesa chamada "Leste encontra Oeste" com sorvete de feijões vermelhos adzuki servido com caramelo de soja e chocolate yuzu, Rice Krispies (flocos de arroz) e genmai, além de ágar e geleia de feijões vermelhos.

Falkner criou o sundae quando tinha um prazo a cumprir para o encontro japonês "World of Flavor", no Culinary Institute of America. Sua missão era usar determinados ingredientes japoneses, porém lançando mão de um paladar sofisticado americano. Como de costume, ela queria criar algo que pudesse desafiar as expectativas. "O que está acontecendo no meu cérebro é que estou interessada em articular os sabores com um esboço ou uma pintura que as pessoas possam adorar. Elas sabem o que é um sundae, e isso vai parecer um. No entanto, ele vai ter todas as texturas desconhecidas, todo o sal e açúcar, e as pessoas vão dizer, 'uau, nunca comi nada parecido antes", nos revelou ela.[35]

Quando ela recebe uma missão como essa, seu primeiro objetivo é ficar algum tempo sozinha para *pensar*. "Eu gosto de realmente sentar e imaginar as texturas e sabores que eu quero", disse ela. Neste caso, ela misturou a experiência valiosa que ganhou em seu primeiro trabalho em um grande restaurante como chef de pastelaria em Elka, em Japantown, São Francisco, no início dos anos 1990. Lá aprendeu muita coisa sobre ingredientes e técnicas japonesas. Juntando toda essa experiência, começou criando seu sundae nada convencional com a ideia da pasta de feijão vermelho, que ela observou em várias sobremesas japonesas. Ela disse: "Eu sei que vai ser como abóbora ou castanhas ou algo parecido. Sei que vou dar ao sorvete uma textura muito legal por causa de seu amido."

E continuou: "Eu sei que vou colocar no leite ou no creme com os feijões, e vou ter que ver se são muito doces." Ela pensou em experimentar com feijões frescos e enlatados, por não ter certeza se o fornecedor entregaria o produto antes da demonstração de alimentos no Culinary Institute Japanese. Seu objetivo, explicou, era um sorvete que não fosse "super doce e macio".

"Eu sei que o molho de soja fica realmente bom com caramelo, por causa do sal no caramelo", disse Falkner, que estava há tempos interessada na popularidade de certas barras de chocolate, como Snickers, as quais utilizam amendoim salgado para destacar a doçura do chocolate e do caramelo. Da mesma forma, disse ela, yuzu, que descreve como um cruzamento entre um limão e uma tangerina, "ficará bom com chocolate, porque tem um sabor cítrico fantástico. E há outros pequenos detalhes que vou fazer que darão um outro tom ao prato".

Genmai, por exemplo, é um chá verde com arroz tufado, que lhe deu a inspiração para deixar o clássico americano Rice Krispies com cara de japonês.

A essa altura, Falkner tinha já certeza de sua criação e de como seria o gosto, mesmo que tudo isso estivesse apenas em sua cabeça, em um lampejo de inspiração. Ela estava chegando em seu amplo conhecimento, mas não de forma enciclopédica, não teve tempo com o prazo se aproximando. Pensou na tarefa seguindo um modelo mental, uma série de unidades de informação — criou em sua cabeça sobremesas e sabores. Ela não tem que pensar em cada propriedade individual de cada ingrediente, podia deixar todos os dados em segundo plano e levá-lo para um nível superior.

Ela nos disse: "Fiz tipo um brainstorming nesta manhã. Eu tenho sempre urgência para entregar minha lista de ingredientes para a escola. É assim que faço todos os meus pratos. Tudo acontece ao mesmo tempo — eu sonho com eles também — mas sei exatamente o gosto de cada coisa. Tenho uma memória muito boa para sabores. Fico organizando na minha cabeça. Qual quantidade de creme deve ir nessa? Não, não muito cremoso. Qual quantidade de yuzu no chocolate? Eu não quero que fique muito forte no sorvete. Esse determinado ingrediente pode não dar certo. Quero entender como o chocolate pode funcionar neste prato e não ficar muito forte na coisa toda."

No entanto, como esse modelo nasceu na mente dela pela primeira vez? O processo de tomada de decisão de Falkner é uma versão da história de Wayne Gretzky. O cérebro dela parece estar naturalmente conectado de forma ideal com a culinária artística, e ela tem muita experiência — aquelas 10 mil horas de prática — que lhe permite unir várias unidades de informação com muito conhecimento. Apenas uma unidade não teria criado uma Falkner. Contudo, produzidas juntas ao longo de sua carreira, lhe permitiram que se tornasse a famosa chef de cozinha que é hoje.

Gretzky foi auxiliado por algo que parecia ser uma desvantagem — a altura. Falkner foi auxiliada pelo fato de não ter sido inicialmente treinada para ser cozinheira.

Quando era mais nova, Falkner se concentrou nas artes. Seu pai, o pintor abstrato Avery Falkner, é professor de artes na Pepperdine University, e seus trabalhos dominam as paredes do restaurante de Elizabeth. Um de seus irmãos é músico de rock, e outro é ilustrador de histórias em quadrinhos, ator e dançarino. Ela pintou vários quadros na época da escola e ganhou do pai uma câmera sofisticada que despertou nela um interesse por fotografia. Frequentou o Instituto de Arte de São Francisco para concluir a faculdade e estudar cinema experimental. No começo, trabalhou em restaurantes apenas para se manter. Ela disse: "Entrei na área de alimentos porque era uma área próspera em São Francisco entre o final dos anos 1980 e início dos anos 1990. Eu sempre cozinhei, mas nunca havia pensado em seguir essa carreira."

No Ensino Médio, Faulkner trabalhou na Bud's Ice Cream, onde desenvolveu combinações de sabores novos, e em uma delicatéssen na Bay Area italiana que assava seu próprio pão para sanduíches. Na década de 1980, inspirada por Famous Amos, Mrs. Fields e outros, Falkner começou a fazer seus próprios biscoitos. Ela conseguiu um emprego na loja original da Williams-Sonoma nas ruas Sutter e Taylor em São Francisco, onde os clientes incluíam os chefs Julia Child e Marion Cunningham. São Francisco estava cheia de grandes chefs e restaurantes. Ela conseguiu um emprego no minúsculo Café Claude, um café francês em uma rua estreita perto da pomposa Union Square, e renovou o menu, que não tinha sobremesas caseiras. Logo estava fazendo pudim de pão e — o que não pode faltar em nenhum café francês — torta de maçã. Em pouco tempo, tornou-se a chef principal e descartou sua carreira no cinema.

Uma manhã, uma despachante do Masa's, um dos melhores restaurantes de São Francisco, enquanto comia na Claude, conversou com Falkner a respeito de uma oportunidade no Masa's. Falkner conseguiu o emprego, trabalhando sob o comando do famoso chef de cozinha Julian Serrano, algumas noites descascando cebolas de picles em tamanho uniforme e, ao mesmo tempo, tirando lascas de seus dedos. Ela absorveu a cultura da comida, aprendeu o máximo que pôde, comeu em todos os lugares, inclusive, inevitavelmente, em Elka, onde Traci Des Iardins e Elka Gilmore criaram uma mistura das culinárias francesa e asiática. Falkner lhes disse que suas sobremesas não estavam dando certo, e elas acabaram contratando-a.

"Ela não era muito experiente devido ao fato de ser apenas uma assistente. Contudo, percebemos nela algum lampejo de talento inato básico que deixava claro que ela estava tomando uma direção.", lembrou Des Jardins. A primeira sobremesa de Falkner para Elka foi inspirada no seu conhecimento de cinema. Ela deu o nome "The Battleship Potemkin", um filme mudo de 1925 dirigido por Sergei Eisenstein. A sobremesa retratava pequenas Escadarias de Odessa feitas de biscoitos amanteigados de chocolate e molho de framboesa representando o derramamento de sangue dos civis executados na escadaria na representação do filme da revolução russa. Ela disse: "Era tudo preto, branco e vermelho. Eu falei aos clientes sobre isso, e todos olharam para mim e disseram: 'Como assim?!'"

Quando Des Jardins abriu o restaurante Rubicon, no Centro Financeiro de São Francisco, Falkner foi com ela. Depois de três anos no Rubicon, o empreendimento secundário de Falkner de confecção de bolos de aniversário e casamento estava dando certo, e abriu então o Citizen Cake. O que antes era somente uma padaria se transformou em restaurante e posteriormente restaurante à la carte e bar. Ela abriu o Orson em 2007. Até então era uma chef de cozinha reconhecida, sempre ativa que estava constantemente planejando todos os tipos de pratos surpreendentes.

Todavia, ela tem a mesma previsibilidade intuitiva de Gretzky? Ou o conhecimento circunstancial que leva ao brilho de Napoleão?

Gabriel Maltos, um dos garçons em Orson, muitas vezes anota pedidos de pessoas com um tipo ou outro de alergia. Ele nos disse: "Teremos muitos clientes com necessidades especiais, e ela vai dar um jeito nisso, e vai sair tudo bem feito, até se o cliente pedir com zero porcento de derivados de leite." A solução, afirma Falkner, é: "Se alguém tem uma alergia e você tem de se adequar, é uma questão de se acostumar com o meio. Com certeza eu tomo decisões com licença artística, mas grande parte dessa licença é calcada na base que tenho."

Maltos diz ainda: "Ela tem aquela sensibilidade natural. Algumas pessoas frequentam o curso de culinária durante anos e nunca conseguem isso." Outros têm sensibilidade, mas nunca a refinam.[36]

O que nos traz de volta à pergunta: quanto da capacidade excepcional é hardware (a ligação genética primária e velocidade de processamento de um cérebro) e quanto é software (as experiências e aprendizagem que se tornam unidades de informação e programam o cérebro)? Nos próximos dois capítulos, vamos examinar ambos os lados da equação, bem como as implicações que têm para a construção da capacidade de previsibilidade em computadores e em empresas, dando-lhes dois segundos de vantagem.

O Cérebro Talentoso

Eduard Schmieder tinha 62 anos de idade quando o entrevistamos no solário iluminado nos fundos de sua casa em Los Angeles.[37] Ele se tornou talvez o melhor professor de violino do mundo e, como maestro, apresentou-se no Carnegie Hall em Nova York e no Walt Disney Concert Hall em Los Angeles. Essas conquistas escondem o fato de que Schmieder hoje em dia talvez fosse conhecido como um dos maiores violinistas do mundo, se agentes soviéticos não o tivessem, aparentemente, espancado quase até a morte na década de 1970. Dizemos "aparentemente" porque Schmieder não fala sobre o episódio que mudou sua vida, referindo-se a ele apenas como "minha lesão". Contudo, conseguimos reconstruir as circunstâncias a partir de outros relatos. No auge da Guerra Fria, Schmieder tornou-se um *refusenik* conhecido na União Soviética. Os *refuseniks* geralmente eram judeus que tentavam deixar a União Soviética, e sua permissão não só era negada, como eles também eram considerados traidores por tentar sair do país. Schmieder era, sem dúvida, um problema peculiar — um músico famoso que, ao se tornar *refusenik,* virou um símbolo público, visível, da opressão comunista. Uma forma de fazer com que ele deixasse de ser tão conhecido era impedi-lo de tocar. A "lesão" imposta pelos soviéticos a Schmieder deixou-o paralítico por quase dois anos e incapaz de tocar violino da mesma forma que antes.

Esse fato deixou Schmieder mais consciente de como seu talento funcionava — porque depois da lesão ele não conseguia mais usá-lo da mesma forma.

Schmieder nasceu em Lviv, na Ucrânia, que naquela época fazia parte da União Soviética. Ele era filho único e, quando muito jovem, um amigo de seu pai foi à sua casa e tocou violino. Schmieder implorou ao seu pai — que não era uma pessoa particularmente inclinada à música — que lhe comprasse um instrumento. De alguma forma, para espanto do pai, o menino e o violino entraram em sintonia. Aos oito anos de idade, Schmieder já se apresentava em público — ele era uma criança prodígio. Não tinha de se empenhar muito para isso. Adorava tocar, e isso era algo que vinha naturalmente. Anos depois, diz, ele e um lendário violinista clássico conversaram sobre como nenhum dos dois jamais havia ensaiado muito ou percorrido as escalas musicais. "Eu nunca consegui entender por que uma pessoa precisava ensaiar, até ter a minha lesão e ter de começar de uma posição desvantajosa", disse Schmieder em seu inglês com sotaque russo.

Quando se apresentava, sentia como se outro poder o dominasse. Disse ele: "Quando era criança, lembro-me de ter ido até o palco e, a partir daquele momento, já não era eu mesmo. Estava acontecendo alguma coisa comigo e vinha de outro lugar, e eu não pensava sobre nada. No exato instante que começava a me apresentar, não conseguia mais pensar. Eu não era mais eu mesmo. Alguém está fazendo isso por mim."

Schmieder conseguia de forma imediata e consistente colocar-se no estado de fluxo descrito por Csikszentmihalyi. Era isso que acontecia toda vez que pisava no palco para tocar. Ele tinha algo muito mais primário que pensamento de previsão ou intuição estratégica — os quais se valem de alto grau de conhecimento e experiência que, em seguida, ficam agrupados para formar um modelo mental organizado e eficiente. Aos oito, dez ou doze anos, Schmieder não poderia ter absorvido informações suficientes para construir esse tipo de modelo. Ele não tinha as dez mil horas de experiência de Gladwell — quase quatro anos ensaiando oito horas por dia — com tão pouca idade. Mesmo assim, tinha habilidades de previsões musicais surpreendentes — a grande essência do talento. Diz ele: "A música de alguma forma vai à minha frente. É mais do que apenas experiência; essa é uma aptidão inata. Eu ouço a música antes de tocá-la." Ou ao menos era o que acontecia antes da lesão.

Desde muito jovem Schmieder conseguia prever quais grupos de ações criariam determinado tipo de som — incluindo o conteúdo emocional da música. Ele conseguia fazer essas previsões melhor e mais rápido que a maioria das pessoas que tocam violino há décadas. É por isso que conseguia superar violinistas experientes ao tocar em espetáculos e obter cargos em orquestras.

A explicação de Schmieder para seu talento inato é um pouco mística. Schmieder disse: "Creio que nossos genes transmitem não apenas traços físicos, como também apresentam uma memória emocional. Essas memórias acumulam-se ao longo de milhares ou centenas de gerações e de alguma forma manifestam-se transmitindo conhecimento que não poderia ser adquirido de outra forma em apenas uma existência física. Meu subconsciente de alguma forma está emitindo essa emoção que se acumulou por tanto tempo, mas minha mente consciente não interfere. Tenho de confiar completamente no meu subconsciente, que tem ligação com alguma outra energia que, de alguma forma, ajuda tal habilidade (música) a funcionar. Eu só não sei como isso acontece."

Místico, sim. Contudo, de certa forma alguma coisa acontece com Schmieder. E essa experiência tem ligação com, acredite se quiser, o autismo. Essa ligação nos dá pistas sobre como inserir talento preditivo inato em máquinas e empresas.

Em 1987, graças a um especial da BBC, o mundo soube da existência de Stephen Wiltshire, então com apenas 12 anos de idade. Ele é um dos maiores exemplos da Síndrome de Savant das últimas décadas — uma versão bem mais extrema do jovem Eduard Schmieder, que conseguia tocar violino sem precisar ensaiar muito. Wiltshire foi diagnosticado com autismo grave aos três anos de idade, só começando a falar aos cinco anos. Mesmo hoje em dia, apesar de ser adulto, ele mal interage com as pessoas e não consegue executar a maior parte das tarefas que fazem parte da vida comum de todos nós. Ainda assim, ficou famoso porque consegue fazer algo que literalmente mais ninguém consegue. Ele consegue ver a fotografia ou pintura de uma cidade e desenhá-la com perfeição.[38]

Tudo começou quando sua turma da escola primária de Londres visitou a casa de espetáculos Albert Hall, conhecida por sua arquitetura ornamentada. Após ver o edifício, Wiltshire desenhou uma reprodução detalhada e exata assim que voltou do passeio. Ele logo começou a desenhar edifícios e silhuetas de paisagens, e após sua fama inicial na época do especial da BBC, seus desenhos apareceram em livros e calendários. Em 2001, a BBC levou Wiltshire para passear de helicóptero em Londres. Ao voltar para a terra firme, Wiltshire desenhou uma vista aérea da cidade, com mais de duzentos edifícios, com uma escala perfeita, em três horas. Nos Estados Unidos, levaram-no para um passeio de helicóptero de 20 minutos sobre Manhattam e, em seguida, ele desenhou, de cor, uma vista panorâmica perfeita de Nova York de quase seis metros. Acertou até mesmo a quantidade de janelas nos edifícios e incluiu detalhes arquitetônicos que mal são notados pela maioria das pessoas.

Por incrível que pareça, Wiltshire não faz um rascunho ou planeja o tamanho e a perspectiva — ele apenas começa a desenhar, trabalhando de um canto da cidade ao outro. É como se a mente dele gravasse um vídeo do que vê, armazenasse a paisagem na memória, e ele conseguisse assisti-lo com a mesma clareza como se você ou eu tivéssemos feito um vídeo com a câmera e o passasse na tela. E, de fato, Wiltshire já chegou a dizer ao jornal *Daily News,* de Nova York: "Tudo é como um programa de TV — eu nunca desenhei a partir de um caderno de desenho." Ele simplesmente orienta sua mão para fazer uma cópia da imagem do vídeo em sua mente — mais ou menos como se você tivesse memorizado o Discurso de Gettysburg e em seguida orientasse a sua mão para escrever as palavras. Para Wiltshire, desenhar as paisagens das cidades é muito fácil — enquanto algo como ir ao supermercado é incrivelmente difícil.

O autismo foi muito estudado nas últimas décadas, e existe um interesse especial pelos autistas com a Síndrome de Savant. Os pesquisadores querem entender como eles conseguem fazer o que fazem. E muitas vezes há um questionamento implícito — a pergunta — Como *o restante das pessoas* pode vir a fazer o que eles fazem? Existe uma ideia subjacente de que ser capaz de desenhar a partir de uma memória fotográfica, calcular números muito grandes em um segundo ou reproduzir a música ouvida apenas uma vez é uma forma mais elevada de capacidade mental. Acredita-se que seríamos pessoas melhores e mais produtivas se conseguíssemos destravar ou criar habilidades semelhantes às dos savants em nós mesmos.

Todavia, na verdade, essa ideia é um grande equívoco.

No Centro da Mente em Sydney, Austrália, os pesquisadores Allan Snyder e D. John Mitchell estudam os processos cerebrais dos savants há mais de uma década. Eles explicam que as pessoas com autismo concentram-se nas árvores ao invés da floresta. Savants com autismo não desperdiçam capacidade mental alguma em ver a floresta — para eles, ela simplesmente não está ali. Ao invés disso, toda sua capacidade mental concentra a atenção nas árvores, nos mínimos detalhes, dando a eles "acesso privilegiado a níveis mais inferiores de informações primárias", que não costumam estar disponíveis para as demais pessoas.[39]

Vamos voltar para nossa descrição de como o cérebro funciona. A camada mais inferior do neocórtex recolhe informações primárias em detalhes bem pequenos a partir dos nossos cinco sentidos e as transmite para o próximo nível, que começa a juntar os pedaços para formar uma imagem ou sensação. Conforme as informações se movimentam para camadas ainda mais superiores do córtex, elas são montadas em conceitos mais amplos, sofisticados e criativos. Nos níveis de trabalho mais altos — Gretzky no gelo — os detalhes são abandonados, unificados em um modelo mental eficiente que consegue processar o que está acontecendo em um instante de identificação e prever o futuro próximo com velocidade e precisão incríveis. Essas previsões — não os detalhes — criam nossa realidade.

Por mais eficientes que nossos cérebros sejam, não o são a ponto de registrar, lembrar-se de cada detalhe mínimo *e* processar conceitos de alto nível. Caso tenham escolha, pelo fato dos conceitos de alto nível nos beneficiarem mais, nossos cérebros acabam concentrando-se neles. Ficamos muito bons em usar os detalhes que na nossa opinião criam os conceitos de alto nível, e somos muito bons em saber quais detalhes realmente esquecer — ou armazenar em algum outro lugar no sótão do cérebro para usar depois, em caso de necessidade. Conforme Snyder disse: “O que importa para a sobrevivência é que tenhamos um conceito que possamos trabalhar — é um perfil, e é amigável, digamos — não uma série de detalhes sobre como chegamos àquela conclusão. Então, nas pessoas normais, o cérebro capta cada detalhe mínimo, processa-o e em seguida edita a maior parte das informações, deixando uma única ideia útil que se torna consciente.”[40]

Outros pesquisadores vão um pouco mais além e concluem que os cérebros normais ficam tão concentrados no conhecimento de alto nível que nunca armazenamos a maioria dos detalhes que captamos — nossos cérebros usam os detalhes para chegar a um pensamento de alto nível e, em seguida, o lançar para fora.

Na melhor das hipóteses, somos extremamente esquecidos eficientes — para nosso próprio benefício.

Contudo, imagine o que acontece no cérebro altamente inteligente de um autista. Por motivos ainda não completamente claros, o cérebro de um autista não consegue alcançar os processos de nível mais alto. Ele não consegue juntar os detalhes para entender o conceito mais amplo de interação humana ou viver na cidade. No caso de um autista savant, o cérebro compreende apenas os detalhes — as árvores, não a floresta — e concentra quase toda sua capacidade de processamento em recolher e se lembrar deles. Não há motivo para esquecer as coisas ou transferi-las para o porão, porque o cérebro do autista savant não precisa da capacidade de ter pensamento em nível mais alto — ele pode dedicar tudo aos detalhes. A existência dos autistas savant é composta de grandes quantidades de dados e pouco entendimento. Eles *não conseguem* esquecer. É por isso que Stephen Wiltshire consegue desenhar uma cidade de cor. Para as outras pessoas, o talento de Wiltshire parece impressionante e digno de inveja, ainda assim, o mesmo ato de não esquecer sobrecarrega o cérebro dele a ponto de não conseguir ter um pensamento em nível mais alto.

Seria ótimo ter habilidades semelhantes às do savant — se seu cérebro conseguisse processar tanto os detalhes quanto o pensamento em alto nível. No entanto, ele não consegue. Os cientistas vêm fazendo experiências com estimulação magnética transcraniana — pulsos eletromagnéticos liberados em cérebros humanos normais. A EMT tende a interferir no pensamento de alto nível, abrindo caminho para os detalhes. Um repórter do *The New York Times*, por exemplo, passou por essa experiência e foi temporariamente capaz de desenhar gatos com muito mais precisão.[41] Ainda assim, isso parece dar um passo atrás na evolução. O talento de Gretzky não é se lembrar de todos os detalhes de todos os jogos que participou — mas sim usar esses detalhes para imediatamente criar outra vez.

Leve em consideração o seguinte: bebês recém-nascidos são savants em essência. Por isso, eles conseguem aprender a língua tão bem e tão rápido. Eles não têm muitos pensamentos de alto nível nessa fase da vida, então, seus cérebros conseguem se concentrar em absorver e lembrar de combinações de sons em detalhes surpreendentes. Conforme os bebês crescem, passam a ter pensamentos de nível mais alto — e aprender uma língua nova torna-se tarefa difícil. Já que nossos cérebros têm de fazer uma escolha, o pensamento em nível mais alto é bem mais valioso que recolher e se lembrar de toneladas de detalhes. O savantismo está se movimentando para trás. Esquecer é evoluir.

Conforme descreveremos depois, essa é uma ideia fantástica para a tecnologia. Toda a história da computação até agora teve o objetivo de reunir mais dados, armazená-los, lembrar-se deles e analisá-los. Os computadores são realmente autistas. E é justamente por isso que eles são tão úteis aos seres humanos. Os computadores foram feitos para se destacar exatamente nas áreas em que os seres humanos são ruins. Eles conseguem armazenar e lembrar-se de todos os detalhes ou fazer cálculos em um instante. A maioria das pessoas não consegue fazer isso porque gasta muita energia pensando nos conceitos de nível mais alto. Portanto, a relação entre humanos e computadores é bela e simbiótica.

Ainda assim, se queremos que os computadores sejam um pouco mais humanos — um pouco mais talentosos — esse negócio de recolher e aprofundar-se em toneladas de dados consome muitos recursos de processamento e armazenamento e, em última análise, leva tempo demais. Para que as máquinas alcancem o próximo nível, vamos ensiná-las como esquecer.

Existem duas formas de ser engraçado. A primeira recorre ao banco de dados mental; a outra, a um modelo mental eficiente.

Joan Rivers é um banco de dados clássico da área cômica. Em determinado momento no documentário *Joan Rivers: A Piece of*

Work, lançado em 2010, ela está em casa, de pé em frente a uma parede de fichários que armazenavam milhares de fichas de três por cinco. Rivers explica que sempre pensa em piadas e as escreve em qualquer coisa próxima a ela; com o tempo, digitava tudo em fichas e as organizava por assunto. Uma certa gaveta, por exemplo, tem o seguinte título: "NOVA YORK: SEM AUTOESTIMA". A parede de fichários é, basicamente, o principal banco de dados de Rivers.

Quando ela marca uma apresentação humorística ou um programa de entrevistas, procura nos fichários as piadas adequadas. Algumas delas são atemporais. "Se tem uma coisa que as mulheres não querem ver em suas meias na manhã de Natal são seus maridos." Outras piadas podem ser datadas, ridicularizando uma celebridade popular na época: "Elizabeth Taylor tem mais queixos (em inglês, *chins*) que uma lista telefônica chinesa." Para essas, ela pode apagar o nome da antiga celebridade e escrever o de alguém mais em evidência hoje em dia. Quando Rivers reúne piadas suficientes para a ocasião, ela as decora — tira-as do banco de dados principal e as coloca no equivalente à memória do computador em seu cérebro, e as piadas estão prontas para serem usadas. Então, em sua apresentação, ela se esforça para lembrar e contar essas piadas de maneira perfeita.

Como se sabe, Joan Rivers é uma comediante muito bem-sucedida, com uma carreira duradoura. Quando era jovem, na década de 1960, fez apresentações em clubes de comédia de Greenwich Village antes de aparecer em *The Tonight Show* e *The Ed Sullivan Show*. Na década de 1970 sua carreira já havia dado certo, e nos 30 anos seguintes ela se tornou apresentadora de programa de entrevistas, atriz de cinema, apresentou-se regularmente em Las Vegas e foi apresentadora na noite da cerimônia do Oscar. Ao longo desse tempo, atribuiu grande parte do seu sucesso àquele imenso banco de dados e a um processo lento por natureza. Dizem que em *Joan Rivers: A Piece of Work* ela afirma que não se considera uma comediante clássica. Considera-se uma atriz fazendo o papel de comediante. É só tirar as suas falas para ela se perder.

Se um grupo de programadores de software hoje em dia fosse empregado para construir um computador comediante, eles provavelmente usariam o modelo de Rivers. Eles criariam um gigantesco banco de dados de piadas, além de regras sobre quando extrair determinados tipos e como ordenar as piadas em um procedimento. Esse computador poderia até mesmo conseguir preparar uma apresentação muito boa. Contudo, o computador seria *realmente* engraçado? Ele conseguiria improvisar bem? Ele conseguiria colocar em ação uma piada inteligente em resposta a uma pergunta de um apresentador de programa de entrevistas? Provavelmente não.

Agora, compare Joan Rivers com Mo Rocca, que construiu uma carreira baseada em ironias improvisadas na hora. Ele nunca foi tão famoso ou bem-sucedido como Rivers, mas você talvez tenha visto Rocca em suas aparições frequentes em *Wait, Wait, Don't Tell Me* da NPR ou visto seu trabalho na CBS ou VH1. Ele faz sucesso como um Pee-wee Herman intelectual — um pouco estúpido, um pouco nerd, ainda assim muito esperto. Ele tem um instinto cômico formidável. Rocca consegue compreender o que está acontecendo, ver uma abertura, preparar alguma coisa imediatamente e colocá-la na conversa na hora certa. É um modelo completamente diferente daquele de Rivers.

Então, perguntamos a Rocca como ele trabalha. E ele começou a analisar um determinado momento durante uma de suas participações em *The Joy Behar Show* da CNN.[42]

Primeiro, uma pequena explicação. Rocca, nascido em Washington D.C. em 1969, frequentou quando era garoto a cara Escola Preparatória Georgetwon. Como muitos futuros comediantes, ele era famoso por fazer os outros rirem. Rocca nos disse: "Um dos grandes desafios era fazer o professor rir — aí você realmente fazia isso. Se sua fala espirituosa ou se seu pequeno momento não planejado dessem perfeitamente certo com um professor e ele risse, então é porque era mesmo engraçado." Na sexta série, disse ele, "me dei conta de que era muito bom em dizer a coisa certa na hora certa". Ele não deu nenhuma grande pista sobre o que o fazia ser muito bom nisso. Disse aquela frase clichê de que pensava em tudo naturalmente.

Rocca estudou na Harvard, envolveu-se com o teatro e tornou-se presidente da Hasty Pudding Theatricals (conhecida informalmente como O Pudim, é uma sociedade teatral dos estudantes de Harvard). Após se formar Bacharel em Literatura, mudou-se para Nova York e tentou fazer apresentações humorísticas no formato stand-up — e descobriu que não era muito bom nisso. Rocca disse: "A comédia stand-up é conversa de uma via. Admiro as pessoas que fazem isso bem, mas sou melhor no diálogo."[43] A comédia stand-up se vale de um banco de dados. Rocca tinha um sistema diferente em sua mente — um modelo mental de previsão. Ele seguiu cada vez mais essa fonte de inspiração, que o levou a espetáculos de improviso no *The Daily Show with Jon Stewart* e *Wait, Wait, Don't Tell Me.*

Isso não significa dizer que Rocca não se prepare. Ele pesquisa assuntos, escreve piadas e as ensaia em frente ao espelho. Contudo, ele é melhor quando põe tudo isso em segundo plano e deixa sua possibilidade de previsão assumir o controle. Em vez de se concentrar nas piadas em si, desde o Ensino Fundamental ele se preocupa em refinar as regras que determinam quando inserir um comentário e como preparar imediatamente a coisa certa a falar. Ele não tem certeza de quais são essas regras, entretanto, consegue enunciar algumas. Por exemplo, ouvir primeiro e descobrir uma ligação com outras pessoas na conversa; ou fazer o inesperado: em um segmento sobre a NASCAR, Rocca inovou e mostrou-se muito bem informado sobre automobilismo.

Disse Rocca: "O que eu faço é procurar uma abertura para inserir a pequena fala espirituosa perfeita. Eu ouço e espero, todos nós estamos construindo o momento quando falamos, e vejo uma abertura bem aqui e penso que vou colocar a cereja neste sundae... agora!" Ele parou de falar um segundo e acrescentou: "Claro que a cereja às vezes cai lá de cima."

Em meados da década de 2000, Rocca ficou famoso por sua perspicácia. E isso fez com que ele se apresentasse no cenário da apresentação de Behar em maio de 2010 junto com o comediante de stand-up Colin Quinn. Behar e Quinn conheciam-se há anos. Rocca mal conhecia qualquer um deles. Os três tiveram diálogos típicos para a apresentação, falando das notícias e celebridades. Em dado momento falou-se de Sarah Ferguson, que foi casada com o príncipe Andrew da Inglaterra.

Quinn gritou: "Quem?"

Rocca: "E você sabe que ela frequentou os Vigilantes do Peso. Ela fez muitas coisas, então de certo modo eu a respeito muito."

Behar: "Sim, mas ela também gasta muito."

Rocca: "Sim, e deve ser decapitada por isso."

(Essas coisas costumam ser mais engraçadas no vídeo que na forma escrita)

Conforme o show chegou perto do fim, Behar voltou-se para seu antigo amigo Quinn e disse: "Levou muito tempo para colocar você nessa droga de show, Colin. Conheço você há 25 anos."

Quinn respondeu que isso foi o pagamento por Behar nunca ter ido à sua apresentação no Comedy Central. Quinn e Behar começaram a bater boca sobre isso.

Rocca lembrou: "E estou sentado no meio deles, e eles começaram a falar disso. Imediatamente, pensei, ok, eu sei que quero inserir algo nesse papo. Preciso esperar tempo suficiente para que a piada de fato dê certo, mas não quero esperar muito para não perder a brecha."

"E enquanto eles estavam gritando um com o outro, joguei minhas mãos sobre as orelhas e gritei: 'Mãe! Pai! Parem com isso!'"

Rocca continuou: "E funcionou. Mas o que foi tão engraçado é que tudo estava acontecendo em câmera lenta, porque me lembro de ter pensado, Ok, eles começaram a bater boca, isso é perfeito. Se eles apenas conseguirem discutir por mais um segundo, vai dar tempo para eu fazer a piada fingindo ser filho deles, filho deste homem e mulher gritando, vai ser muito divertido. No entanto, se esperar demais, a chance irá passar ou um deles pode fazer uma piada para acabar com isso."

Segundo Rocca: "Esse foi de fato um exemplo do que tentei fazer durante toda minha vida. É um instinto tanto quanto cálculo. Quando você está em uma pista cheia de curvas, é assim que funciona."

Não estamos comparando se Rivers é mais engraçada que Rocca. Acontece que eles apenas usam modelos diferentes. Rivers conta com grandes quantidades de informações montadas no passado, e esse modelo funciona muito bem quando se tem muito tempo para procurar e aplicar essas informações. Rocca também monta as informações, contudo, seu cérebro as usa para criar um modelo mental ágil que consegue fazer previsões em tempo real com base no que está acontecendo em meio ao fluxo de eventos.

Se formos juntar tudo, Rocca não é muito diferente de Gretzky. Rocca criou um modelo mental preditivo, de ação rápida e eficiente em sua mente. No palco, ele fica em um estado de fluxo, usa seus sentidos para entender a situação que ocorre em volta dele e é capaz de ver tudo em câmera lenta — ou, para explicar de outra forma, ver o que está acontecendo mais rápido que as outras pessoas. Ele está dois segundos à frente da conversa, e consegue prever o quê e quando dizer — acertando na maioria das vezes.

Como os diretores executivos do tipo um de Ben Horowitz, ou o jovem Eduard Schmieder, ou o savant Stephen Wiltshire, o talento de Mo Rocca foi adquirido de forma natural e precoce. A princípio, ele não era talentoso no aperfeiçoamento rigoroso do seu humor improvisado — ao contrário, antes de qualquer coisa, era bom nisso e depois aperfeiçoou esse talento. Podemos aprender muito tentando entender como essas pessoas fazem o que fazem, mas também pode ser um pouco frustrante, porque não conseguimos entender como elas conseguiram ser *capazes* de fazer o que fazem. Schmieder expôs sua teoria sobre a memória ser transmitida pelo DNA. Muitos observadores, até neurocientistas, apenas dizem que essas pessoas naturalmente talentosas têm cérebros que são "conectados" de forma diferente do restante das pessoas. Contudo, ninguém realmente tem certeza do que essa "conexão" significa.

Segundo afirmou Jeff Hawkins: "Os cérebros de algumas pessoas são por natureza melhor adaptados a determinadas tarefas. Nas pessoas normais, o tamanho da região V1 no neocórtex varia por um fator de dois ou três. As pessoas com V1 maiores — a primeira área da visão — parecem normais, porém, têm uma acuidade visual mais pronunciada. Da mesma forma, podemos imaginar que os cérebros de algumas são por natureza melhor adaptados para matemática, música, idiomas ou hóquei."[44] Hawkins acrescentou que, sem dúvida, o cérebro de Wayne Gretzky "era mais bem adaptado aos tipos de tarefas que o hóquei exige". Ainda assim, os cientistas não sabem explicar o porquê. Seria pela estrutura física dentro da cabeça de Gretzky, desde quando ele nasceu, bastante diferente da estrutura dentro da cabeça de um jogador de hóquei normal que joga apenas para se divertir, ou mesmo de um jogador da Liga Nacional de Hóquei que joga bem, mas não tanto quanto Gretzky? A pergunta ainda não foi respondida, mas de fato existem alguns estudos que já chegaram a tentar.

Sabemos com certeza a respeito de um fator que parece ter influência sobre as pessoas altamente talentosas: seus cérebros tornam-se supersincronizados quando usam seu talento. Jim Olds, neurocientista da George Mason University, explicou que o cérebro consegue funcionar como uma orquestra sinfônica. Quando não está concentrado em uma tarefa — digamos, quando você está no chuveiro e deixando a mente viajar — seu cérebro é como uma orquestra se aquecendo. Todos os instrumentos — ou no caso do seu cérebro, neurônios — estão tocando algo, todavia, eles não estão sincronizados com nenhum outro instrumento, então os sons parecem barulho. Agora, imagine que o primeiro violino começa a tocar uma melodia reconhecida por outro músico, e aquele outro músico começa a tocar também. Logo alguns outros músicos também tocam, e em seguida outros, e espontaneamente surge uma música daquele barulho. Isso acontece até um músico na sala dar-se conta de que a música o lembra de uma música diferente, e começa a tocar a nova música. Outros músicos ouvem o som e resolvem tocar esta última música, e eles começam a tocar — até que a mesma coisa acontece de novo e todos vão para a outra música.

Você pode reconhecer, nesse fluir, livre associação e fluxo de música, algo semelhante à forma que seus pensamentos afluem no chuveiro ou enquanto dirige em uma estrada conhecida. Seus neurônios estão todos descarregando suas ideias individuais e, contanto que isso continue, você tem muito barulho ao acaso soando em sua mente. No entanto, quando um grupo de neurônios resolve gostar da ideia que vem de outro lugar, outros neurônios juntam-se a eles, contribuem e recrutam outros neurônios para também participar. Por sua vez, o novo neurônio recruta outros e de repente seu cérebro está sincronizado, ou seja, pensando profundamente sobre uma coisa — até um neurônio diferente ter uma ideia que recrute uma onda de neurônios do seu jeito, e seu cérebro passe para aquele pensamento. Muitas vezes com velocidade impressionante, seu cérebro salta de assunto em assunto. Se você está tentando se concentrar no trabalho, esses padrões de pensamento instáveis podem se transformar em distrações.

Quando a orquestra está no seu auge? Quando um maestro habilidoso entra e faz toda a orquestra tocar unida por um grande período de tempo. Os instrumentos não tocam exatamente as mesmas notas. Isso seria sincronização *demais.* (Antigamente dizia-se que é isso que acontece no cérebro durante um ataque epilético: sincronização demais.) Em vez disso, as notas tocadas são todas coordenadas para produzir mais efeito. De maneira semelhante, o cérebro humano funciona melhor quando os neurônios se coordenam para uma tarefa específica por um grande período. De fato, é exatamente o que acontece quando alguém fica naquele estado de fluxo que discutimos anteriormente. Todo o cérebro está completamente focado na tarefa. Não há neurônios no canto tentando recrutar outros neurônios para pensar sobre qual restaurante ir depois. Os neurônios estão trabalhando juntos para tocar a mesma música.

Como sabemos disso de forma tão profunda? Devido a experiências feitas com monges budistas. Os monges conseguem colocar-se em um estado de fluxo — que eles chamariam de meditação. A coisa conveniente sobre um monge budista meditando é que você pode colocá-lo em uma máquina de ressonância magnética e ver seu cérebro trabalhar. Olds nos disse: "Seus cérebros acomodam-se em ritmos complexos, porém muito coordenados. Isso mostra aspectos de uma orquestra sinfônica. Permite que muitas regiões do cérebro se comuniquem facilmente com outras — elas interagem como se tivessem um canal livre umas com as outras."[45]

Isso é ao menos uma pista parcial de como os cérebros talentosos estão conectados. As pessoas talentosas parecem ter nascido com uma capacidade incomum de concentrar os recursos de cérebro em uma tarefa. O artista savant Wiltshire representa um caso extremo. Pessoas como Gretzky ou Rocca podem se colocar naquele estado de coordenação ou fluxo. Elas parecem dar partida aos seus modelos mentais, sossegar todo o resto e abrir canais entre as regiões do cérebro. Usam suas mentes de forma tão eficiente que o tempo parece passar mais devagar, possivelmente porque elas na verdade estão interpretando o mundo mais rápido que o resto das pessoas — o que as ajuda a fazer suas previsões à frente das demais.

Ao lado dos testes em monges e do estudo dos dançarinos já mencionados, os cientistas prepararam alguns estudos que tentam entender o que é diferente sobre a conexão primária nos cérebros das pessoas talentosas, sobretudo as preditivas. E, curiosamente, as pessoas com talento natural têm dificuldades em identificar o motivo dos seus cérebros fazerem o que fazem.

Conversamos, por exemplo, com Earle Whitmore, que há duas décadas vem sistematicamente sendo uma das maiores corretoras de imóveis da área de Washington D.C. Seu talento preditivo consiste em ler as necessidades e intenções das pessoas quando elas querem comprar ou vender uma casa. Ela parece ser competente em detectar a situação em um instante e prever o que fazer para convencer os donos das casas e possíveis compradores. Em uma ocasião, fomos com ela a um encontro com um casal que estava pensando em contratá-la para vender sua casa. Quando chegamos na residência de três andares com terraço localizada no subúrbio, o marido cumprimentou Whitmore na porta. Em questão de segundos ela avaliou a linguagem corporal do casal e deu-se conta de que era a esposa quem tomava as decisões. Sem dúvida, o emprego da esposa era o motivo pelo qual o casal estava vendendo a casa e mudando-se para o Colorado. Earle fez esforços conscientes para falar com o marido primeiro, dando a ele a chance de expressar sua opinião antes de voltar sua atenção para a esposa. Essa atitude foi para dar poder a todos, disse ela depois. "Eu não podia tirar a autoridade dele", disse ela. Whitmore ganhou a venda.[46]

Como ela faz isso? O que se passa na cabeça dela? Quando perguntamos, Whitmore respondeu: "Não sei dizer. Exceto que eu faço o que faço. É provavelmente uma combinação de habilidades adquiridas com uma capacidade inata." Whitmore parecia ser naturalmente boa com imóveis, mesmo antes de ter as milhares de horas de prática geralmente necessárias para adquirir habilidades nessa profissão. Ela foi criada em Nova Jersey, saiu de casa com 16 anos e casou com um ex-aluno da West Point aos 18 anos. Ela disse que frequentou "muitas escolas diferentes, mas terminou os estudos em Vassar", e depois trabalhou como instrutora de esqui, diretora de museu e crítica de arte para o Corpo de Engenharia do Exército dos Estados Unidos antes de conseguir sua licença de corretora de imóveis. Ela vendeu tantas casas trabalhando apenas nos finais de semana que deixou seu emprego regular e dedicou-se à corretagem em tempo integral. Isso foi na década de 1980.

Claro que Whitmore tem trabalhado com imóveis há tanto tempo que seu talento está bem afiado, assim como o talento de Rocca após algumas décadas na vida artística. Todavia, ela era boa nisso antes de ficar afiada. Como? O cérebro dela estava conectado daquela forma. O que nos traz de volta para onde começamos.

A mesma coisa se aplica a Roger Craig, o atacante que ganhou três Super Bowls na década de 1980 com o San Francisco 49ers. O que fez Craig ser tão bom? Com certeza Craig era fisicamente talentoso. Contudo, a vantagem daqueles times do 49res foi a inteligência dos atacantes em campo, principalmente Craig, do zagueiro Joe Montana e do recebedor Jerry Rice. Craig tornou-se famoso por ver a jogada se desenvolver e fazer um cálculo rápido sobre aonde ir, muitas vezes achando um espaço na linha onde os outros jogadores não conseguiam. Ele tinha essa capacidade desde quando era adolescente e jogava na época do Ensino Médio, e depois na University of Nebraska. Isso tinha de ter sido em grande parte algo inato.

Então perguntamos a Craig como ele processava um jogo de futebol americano em andamento. Ele não tinha muita certeza. Disse: "Eu corro com os olhos. Eu estudava os jogos e visualmente via a defesa para aprender quando cortar, e se você tem de correr com os seus olhos, reagir, ver um buraco e atacar. Eu corri várias vezes para onde o jogo estava planejado para ir em uma só direção, e vi algo totalmente diferente."[47] E isso foi quase tudo que ele conseguiu fazer para explicar seus dois segundos de vantagem. Craig é um homem inteligente. No entanto, parece ser muito difícil as pessoas particularmente talentosas explicarem como sua própria conexão primária funciona.

Entretanto, Schmieder foi obrigado a tentar. Essa foi a única forma possível para que ele conseguisse reconstruir sua vida.

Disse-nos Schmieder: "A lesão? Oh, é muito ruim para mim falar sobre isso. Quando cheguei a este país, nunca quis conversar sobre isso. Eu não ia conseguir emprego se mencionasse isso. Não conhecia ninguém aqui. Não tinha dinheiro nenhum. E já tinha mais de 30 anos, o que é um problema em nossa profissão. Não podia tocar como violinista em apresentações."

Ele foi para os Estados Unidos com sua esposa e filha, Hanna, que na época tinha apenas três anos de idade. Só havia uma coisa que poderia fazer para ganhar dinheiro: ensinar violino. Contudo, isso significava que teria de aprender tudo que já sabia. Ele era bem-sucedido por seu talento de forma muito rápida e sem esforço e, por isso, nunca teve que realmente examinar como fazia para tocar violino tão bem. Disse Shmieder: "Se antes da minha lesão alguém me pedisse para ensinar como faço isso ou aquilo, não conseguiria explicar, porque esse talento me foi concedido naturalmente. Após a lesão, comecei a pensar sobre isso, até mesmo sobre as coisas mais simples." Ele decompôs as notas e sons em categorias e atribuiu-lhes qualidades acústicas e emocionais com base em como ele costumava tocar. Analisou os movimentos mecânicos que fazia para produzir aqueles sons diferentes e teve de desconstruir tudo que sabia antes de conseguir juntar tudo de novo e ensinar para outras pessoas.

Disse ele: "Meu egocentrismo foi destruído pela minha lesão. Talvez essa experiência me tenha feito entender a música e a vida com mais profundidade. Talvez me tenha tornado professor por causa disso — porque alguns grandes músicos não conseguem ensinar."

Em pouco tempo, Schmieder tornou-se um dos professores de violino mais requisitados do mundo — o tipo de professor que dá aula para futuros mestres da música. Ele é um professor de violino do quadro permanente da University of Southern California e na década de 1990 fundou uma orquestra global de estudantes, iPalpiti. Com o tempo, voltou a se apresentar com o violino e a reger orquestras.

Enquanto dá aulas, tenta passar para seus alunos tudo que aprendeu sobre si mesmo — a forma como pensa as notas, a maneira que desenhou o arco. Ele também tenta ensiná-los a aprender todos esses detalhes, usá-los para construir um modelo mental e, em seguida, esquecê-los. A respeito de sua capacidade de fazer com que os alunos deixem sua intuição agir, ele disse: "Acho que é aí que está meu sucesso. Temos de burlar nossa mente consciente e ir para o subconsciente."

Existe algo mais na história de Schmieder. Após chegar nos Estados Unidos, Schmieder e sua esposa tiveram um filho, que é um artista visual incrível — e é autista. Isso fez Schmieder parar para pensar em sua história familiar. Ele se lembra de que seu pai conseguia multiplicar números em sua mente e imediatamente contar uma pilha de fósforos jogada no chão. Sem dúvida o pai dele tinha algum grau de autismo. E concluiu: "Talvez isso também tenha algo a ver comigo." Não há como negar que Schmieder é um adulto completamente normal e envolvente. No entanto, quando era criança, um certo grau de autismo pode ter dado a ele um caminho mais livre para as "árvores" da composição musical, permitindo-lhe lembrar e reproduzir as notas sem precisar ensaiar muito. Mesmo assim, tinha uma capacidade mental de alto nível funcional para organizar as informações em modelos mentais que conseguiam operar de forma eficiente e fazer previsões — dando a ele sua capacidade de ouvir as notas antes de tocá-las de fato.

É possível construir um sistema informatizado com conexão semelhante para o talento preditivo? Existe uma grande quantidade de pesquisas a serem feitas para se descobrir mais sobre a conexão dos seres humanos particularmente talentosos, mas conforme esse trabalho se desenvolve, os especialistas em tecnologia estão aprendendo a criar novos tipos de sistemas que não funcionam da mesma forma que os computadores funcionaram no passado.

Nesse meio tempo, enquanto tentam entender os componentes do cérebro, os especialistas também estão estudando com atenção como os cérebros talentosos são programados.

O Software Talentoso do Cérebro Normal

O prefeito de Boston, Thomas Menino, é um dos prefeitos mais bem--sucedidos da história recente. Em 2008, a pesquisa de opinião do jornal *Boston Globe* descobriu que ele tinha um índice de aprovação de 72%, e 54% dos residentes disseram ter *visto* o prefeito pessoalmente. Ele foi eleito para um quinto mandato em 2009. Quando conversamos com ele em 2010, já era prefeito desde 1993.

Passamos um dia com Thomas Menino na tentativa de entender por que ele é tão competente.[48] A princípio, seu talento parecia ser tudo, menos óbvio.

Ele chegou em uma manhã de primavera para uma breve palestra em uma conferência chamada Great Neighborhoods Summit (Reunião das Grandes Vizinhanças) no campus da University of Massachusetts. Um homem robusto, com feições grosseiras e cabelo arrumado, quase totalmente branco, vestia uma roupa escura de listras finas e gravata verde-claro. Ele disse para nós que tem 500 gravatas e considera que essa é uma forma de o homem mostrar sua individualidade. Quando deixou seu carro rumo à conferência, seus assessores lhe deram alguns cartões pequenos com temas de discussão preparados, mas Thomas Menino nem olhou para eles — apenas os colocou no bolso do paletó. Após uma apresentação do primeiro orador, Menino subiu no palanque e mostrou por que os habitantes de Boston às vezes o chamam de Prefeito Resmungo. Ele é famoso pela sua má utilização das palavras como, por exemplo, quando disse em um comício: "Da mesma forma que um biscoito, prevejo que a dinastia Yankee irá esfarelar-se e os resultados serão deliciosos para os torcedores do Red Sox." Com certeza Thomas Menino não é um orador brilhante. Na conferência, ele parecia mais um vizinho favorito que estava desconfortável ao dizer algumas palavras apenas para animar a festa da vizinhança. Ele começou com comentários improvisados, fazendo as pessoas rirem com uma piada sobre Harvard — que foi muito bem recebida pelo público na University of Massachusetts. Em seguida, tirou os cartões do bolso e leu rigidamente alguns deles, indo de assunto em assunto antes de fazer algumas piadas agradáveis de encerramento e sair de cena em meio a aplausos prolongados. O efeito foi cativante e charmoso, mas não a ponto de alguém dizer: "Ah, tá! É por isso que ele é prefeito há cinco mandatos." Enfim, ele não exala exatamente carisma.

Thomas Menino nunca foi um líder natural ou gênio acadêmico. Nascido em uma família ítalo-americana em 1942, no bairro Hyde Park, em Boston, teve notas regulares em todo o Ensino Médio, e achava que talvez se tornasse engenheiro. Frequentou a Chamberlayne Junior College em Boston, não era um aluno muito esforçado e formou-se com uma graduação tecnológica em Administração. Nos anos seguintes, ficou em dúvida sobre o que fazer da vida. Tentou vender seguros, mas não gostou. Trabalhou na Agência de Restauração de Boston e interessou-se pela política da cidade. Em 1983, aos 45 anos de idade, concorreu para a Câmara Municipal. Disse Ele: "Eu e minha esposa batemos em todas as portas do distrito. Não existem milagres nessa área — é tudo trabalho duro."

Thomas Menino ganhou a eleição, foi vereador por nove anos, prefeito interino por quatro meses em 1993, quando o então prefeito Ray Flynn foi nomeado embaixador dos Estados Unidos no Vaticano, e em novembro de 1993, ganhou sua primeira eleição para prefeito. Desde então ele é imbatível.

Nós entendemos por que Thomas Menino faz tanto sucesso quando o vimos trabalhar durante um dia inteiro.

Em uma manhã, ele conversou com construtores em seu escritório, andou pelas regiões da cidade de carro, compareceu a alguns pequenos eventos de bairro e bateu papo com a clientela do Dry Dock Café, localizado em um antigo e desgastado parque industrial que ele vem tentando revitalizar, enquanto engolia um almoço que consistia basicamente de moluscos fritos. Conversamos sobre decisões polêmicas que ele tomou, entre elas colocar uma área de patinação no parque público Boston Commons, unificar dois hospitais, desafiar bombeiros em greve e defender a população muçulmana da cidade depois dos atentados de 11 de Setembro. Todas essas ações beneficiaram a cidade — e ele. Independentemente do assunto que surgia — uma proposta de prédio, parque, desfile, projeto de lei — Menino parecia entender na mesma hora todos os desdobramentos que teria em Boston.

"Eu quero saber de tudo — não consigo ficar trancado na prefeitura", disse Menino. "Nunca faço pesquisas de opinião ou presto atenção nelas. Elas são, no máximo, um instantâneo do que as pessoas pensaram há três dias. Eu não uso consultores" Ele literalmente recorre a conversas com o maior número de pessoas possível. Um de seus funcionários mais antigos, Peggie Gannon, disse-nos: "Não sei se ele tem uma mente 'política'. Ele simplesmente tem uma orientação prática 24 horas por dia, 7 dias por semana. Não fica o dia inteiro atrás de uma mesa. Faz tudo que as pessoas realmente fazem. Ele consegue ver as menores coisas. Vê a floresta e as árvores."[49]

De fato, o professor de Ciências Políticas da Tufts University, Jeffrey Berry, já analisou Thomas Menino e diz: "Ele conseguiu dar um toque pessoal, o que é incomum em uma cidade do tamanho de Boston. De seu jeito desajeitado, inexpressivo, ele realmente consegue mostrar que se importa com a cidade."[50]

Ao longo do dia, começamos a entender o talento de Menino. Ele continuou a nos dizer como, por um lado, faz muitos trabalhos preparatórios técnicos, mas, por outro lado, não discute decisões ou conta com pesquisas de opinião ou especialistas. "Não penso muito nas coisas — apenas faço", disse. Ele consegue ver as decisões e suas consequências em sua mente de maneira quase imediata. Consegue captar algo sobre Boston e imediatamente fazer uma previsão altamente precisa sobre suas consequências. Ainda assim, teve dificuldade em explicar como fazia isso.

Tom Menino não nasceu com um talento político especial. Ele não tem o mesmo brilhantismo de um aluno de QI alto que frequenta as grandes universidades americanas. Contudo, ao longo das décadas, aprendeu tudo que pode de forma metódica e zelosa sobre cada faceta de Boston, organizou esse conhecimento profundo em um modelo mental eficiente que fica dentro de seu cérebro, reconhece imediatamente padrões políticos complexos que afetam a cidade e analisa tudo que aparece.

Isso, por sua vez, permite que conte com o que chama de instinto. Ele não precisa de pesquisadores da opinião pública ou consultores porque seu modelo mental consegue prever o que algo significa com mais competência que qualquer pesquisa de opinião ou estudo. Em última análise, ele foi capaz de superar adversários e críticos pelo fato de conseguir fazer previsões e cálculos sobre Boston um pouco melhor e mais rápido que as outras pessoas — um político que representa bem os dois segundos de vantagem.

Mais tarde naquele mesmo dia, na hora do almoço com aqueles moluscos fritos, perguntamos a Menino se isso parecia descrever seu talento. "Sim, acho que sim", disse ele com um grande sorriso.

Este capítulo não se relaciona tanto com a conexão do cérebro, mas sim com a sua programação — as formas pelas quais desenvolvemos nosso cérebro através da prática e experiência. É muito bom ter uma vantagem preditiva devido a uma conexão ou equipamentos superiores. Sem dúvida isso foi vantajoso para Eduard Schmieder e Mo Rocca. Se os equipamentos de computador pudessem ser construídos para funcionar como um cérebro particularmente talentoso, isso ajudaria muito a criar a capacidade de previsão nos computadores. No entanto, a maioria das pessoas não apresenta uma capacidade genial, e o hardware do computador ainda processa informações como um computador, o que não é semelhante a um cérebro de forma alguma — muito menos semelhante a um cérebro talentoso e preditivo.

Então, é animador saber que os cérebros mais comuns, como o do prefeito Thomas Menino, podem ser desenvolvidos ou programados para manifestar os dois segundos de vantagem preditiva. No mundo dos computadores, isso indica que não obrigatoriamente precisamos de hardware semelhante ao cérebro para desenvolver algumas habilidades cerebrais usando software. Sem dúvida, isso dá esperança à maioria das pessoas. De fato, a pesquisa revela que a maior parte daqueles que se destacam nas suas áreas o fazem ao longo da vida, não nascem com uma grande vantagem genética.

O principal cientista que estuda o talento excepcional é um pouco, por ironia do destino, astro. Anders Ericsson nasceu na Suécia, filho de pais que, conforme ele mesmo disse, "afirmavam que qualquer pessoa saudável era capaz de fazer qualquer coisa que se propusesse".[51] Sem dúvida, essa atitude exerceu grande influência sobre ele. Ericsson passou a trabalhar com pesquisa psicológica. Mudou-se para os Estados Unidos devido ao seu trabalho de Pós-doutorado, acabou se tornando professor da Florida State University e editou um livro em 2006 chamado *The Cambridge Handbook of Expertise and Expert Performance* . O livro de 900 páginas especificou a pesquisa de mais de 100 cientistas em todo o mundo que estudavam as pessoas de desempenho hábil em vários campos, incluindo golfe, cirurgias médicas, xadrez, piano e mercado de ações. O livro chamou a atenção dos meios de comunicação porque concluiu que o talento natural é valorizado em demasia, e que anos de intensa "prática deliberada" poderiam fazer com que quase todo mundo se tornasse um astro em qualquer campo. Isso parecia ser a prova definitiva para o círculo da autoajuda: você *pode* fazer qualquer coisa que se proponha a fazer.

Ericsson e seus colegas definiram a regra das dez mil horas, que ficou famosa no livro *Outliers,* de Malcolm Gladwell, isto é, quase qualquer um que pratique algo intensamente por dez mil horas — anos de prática constante — terá um desempenho superior nesse campo. Em um artigo de 2007, Ericsson e colegas escreveram: "Até os 20 anos, os músicos mais exímios haviam ensaiado mais de dez mil horas, o que é de 2.500 a 5.000 horas a mais do que dois grupos de músicos menos exímios, ou 8.000 horas a mais em relação aos pianistas amadores da mesma idade. Descobriu-se que o mesmo tipo de prática deliberada solitária está intimamente relacionado à conquista do desempenho especializado e superior em uma grande quantidade de setores."[52]

Ericsson define prática deliberada como o tipo de prática que se espera ver no currículo de uma pessoa com grande desempenho: um tenista profissional que passou a adolescência treinando em um clube de tênis famoso; um músico clássico que estudou com os melhores professores e ensaiou várias horas por dia; o diretor-executivo que foi para uma faculdade de Administração de primeira linha e, em seguida, trabalhou com mentores que o estimularam todos os dias. Nós vemos essas histórias nos meios de comunicação o tempo todo. Ericsson cita a lenda do golfe Sam Snead, que lhe disse: "As pessoas sempre disseram que eu tinha um impulso natural. Elas achavam que eu não trabalhava o bastante. Contudo, quando era mais novo, eu jogava e treinava todos os dias, em seguida, treinava mais uma vez à noite sob a luz dos faróis do meu carro. Minhas mãos sangravam. Ninguém trabalhou mais nos treinos de golfe do que eu."

Essa prática deliberada é a forma pela qual várias pessoas talentosas se tornaram tão boas no que fazem. Pelas lentes dos dois segundos de vantagem e das pesquisas em Neurociência, toda essa prática gera toneladas de dados que os cérebros dessas pessoas conseguem organizar em um modelo mental eficiente. Por isso, os tenistas profissionais são capazes de prever as jogadas dos adversários de maneira excepcional. O músico consegue ouvir as notas antes de serem tocadas. O diretor-executivo consegue prever o resultado de uma decisão com precisão incrível.

Como a ideia da prática deliberada está representada em Tom Menino? Ele com certeza emprega dez mil horas — sem dúvida mais — para construir o seu modelo mental de Boston. Ele é a prova de que a pessoa não precisa ser "talentosa", de acordo com a definição comum da palavra, para se tornar um mestre na sua profissão. Ainda assim, construiu o seu modelo de forma assistemática, na prática. Ele não exercia a prática por si, ele só fazia. Thomas Menino foi criado em Boston, trabalhou para a cidade, ajudou em algumas campanhas políticas e exerceu seu mandato na Câmara Municipal — mas, principalmente, como fazia o trabalho dele, absorveu conhecimento sobre Boston e como a cidade funcionava. Esforçou-se para sair e ver o que estava acontecendo nas ruas e para ouvir o que os cidadãos de Boston estavam falando, sempre analisando e classificando as informações que captava.

A experiência de Menino acaba por ser uma variação da prática deliberada de Ericsson — algo que Gary Klein (o pesquisador mencionado acima, que estuda o processo de tomada de decisões) e seu colega Peter Fadde identificaram recentemente como "desempenho deliberado". Enquanto um atleta ou músico profissional pode contratar um instrutor e passar algum tempo isolado para praticar, a maioria das outras pessoas não pode fazer isso. Um arquiteto ou detetive policial não pode contratar um instrutor ou frequentar aulas práticas. Eles podem fazer cursos de vez em quando, os quais, no entanto, não correspondem à necessária prática deliberada e incessante para tornar-se preditivo e talentoso de acordo com o modelo de Ericsson. Entretanto, Klein e Fadde concluíram que a maioria das pessoas talentosas consegue suas 10 mil horas estimulando-se constantemente no trabalho, construindo paulatinamente o "conhecimento tácito e especialidade intuitiva" associados às pessoas com melhor desempenho em determinada área.[53] Klein afirmou: "Prática, prática, prática, é algo muito simplista. Em alguns casos, isso não é viável."

Você se lembra da pesquisa de Paula Tallal sobre o motivo pelo qual determinadas crianças aprendem a língua melhor do que outras? Quando os neurônios são acionados juntos em um curto intervalo de tempo, eles conectam esse padrão de acontecimentos e conhecimento. Conforme esse padrão é repetido e aprendido, o bloco torna-se mais sólido, complexo e rápido ao acessar todo o padrão. A repetição produz mielina ao longo dos caminhos das conexões entre os neurônios que estão organizados, transformando as redes neurais em grandes autoestradas. A prática deliberada e o desempenho deliberado encaixam-se na pesquisa de Tallal e na maior parte das outras pesquisas sobre o funcionamento do cérebro.

Thomas Menino construiu seu modelo mental por meio do desempenho deliberado e, de fato, continua a construí-lo, e é por isso que obteve seu quarto e quinto mandatos como prefeito. Ele sempre melhorou sua capacidade de previsão — seus dois segundos de vantagem. Esse aperfeiçoamento constante assegura que sua vantagem de previsão seja apenas um pouco melhor e mais rápida que a de qualquer outra pessoa — porque, em qualquer campo, você pode apostar que os concorrentes estão aprimorando seus próprios modelos de previsão e tentando alcançá-lo.

Entretanto, enquanto continuava acrescentando novas informações, Thomas Menino não estava criando um banco de dados cada vez maior que pesquisava toda vez que precisava tomar uma decisão política. Isso levaria muito tempo, seria a forma pela qual os gerentes do tipo dois de Ben Horowitz trabalham, e um líder eficiente e preditivo não é assim. Lembre-se de que, conforme Menino insistiu: "Eu não penso muito sobre as coisas — apenas faço." Isso significa que ele não procura em todo seu banco de dados para obter informações ou conseguir ainda mais dados com base em pesquisas de opinião ou consultores. Em vez disso, ele usa os dados que recolhe a partir de suas investigações constantes de Boston para refinar seu modelo mental. As informações novas são processadas através de seu modelo mental de Boston e, então, ou confirmam e reforçam as hipóteses existentes, ou forçam Thomas Menino a reajustar um pouco o modelo. É bem provável que, depois de anos de experiência, pouca coisa possa surpreender completamente o modelo mental dele. O modelo continua a ser ágil e eficiente, porque não é carregado por grandes quantidades de dados. Os dados foram usados para ajustar o modelo e, em seguida, foram lançados no armazenamento a longo prazo (se a informação parecia importante o suficiente) ou esquecidos. O ato de esquecer — e saber o que esquecer — foi tão importante quanto o ato de armazenar.

No final, Thomas Menino mantém um modelo mental preditivo bem afinado. Ao tomar decisões, ele acha que está agindo por instinto — como se não estivesse realmente pensando. No entanto, o que ele faz é realmente melhor do que pensar. Está agindo como o diretor-executivo do tipo um, como Gretzky no gelo, como Mo Rocca ao ver uma boa oportunidade em câmera lenta. Esse talento é construído com base em dados, entretanto, não é dependente deles.

É assim que as empresas precisam ver os dados. A única diferença é que as empresas podem ser um pouco mais cautelosas que o prefeito Thomas Menino. Elas talvez queiram construir seus modelos de forma mais parecida com o maior representante da arte da sedução do mundo.

Erik James Horvat-Markovic foi criado no Canadá como mais um daqueles adolescentes desajeitados que são deixados de lado nos corredores da escola e para quem seria mais fácil ganhar na loteria que arrumar uma namorada. Ele só foi atingir a puberdade depois dos 16 anos, e até então tinha se dedicado a um hobby que costuma repelir as garotas: Horvat-Markovic havia se tornado um entusiasta do jogo de tabuleiro *Dungeons and Dragons*. Não era muito sociável, não conseguia seduzir o sexo oposto, e tinha dedicado pouca capacidade mental para descobrir isso. Atribuía sua má sorte ao fato de ser tímido e nerd, e achava que nada podia ser feito para mudar isso.

Quando estava cursando o Ensino Médio, Erik leu um livro chamado *501 Magic Tricks*. Ele disse a um entrevistador: "O que foi surpreendente é que não havia quatro, cinco ou seis maneiras diferentes de iludir a mente de alguém e mostrar os buracos em sua percepção. Existiam 501 maneiras! Tudo em um único livro. Isso foi muito perturbador para mim."[54]

Ele passou a fazer mágicas e ficou bom nisso. Seus truques de magia o ajudaram a socializar-se mais. "O momento decisivo para mim veio no final da minha adolescência, quando viajei até a Flórida para fazer um show de mágica em um navio de cruzeiro", escreveu em seu livro, *O Método Mystery*.[55] Antes mesmo de começar a trabalhar no navio, ele ganhou dinheiro apresentando-se em restaurantes, onde seu trabalho consistia em ir até lá, entreter pequenos grupos de pessoas e fazer alguns truques de mágica. Ele era conhecido pelo nome de Mystery. Escreveu: "A experiência ensinou-me vários conceitos importantes. Não se deve simplesmente ir até uma mesa de estranhos e dizer: 'Oi! Gostariam de ver alguns truques de mágica?' A resposta mais fácil de se dar nessa situação é não. Logo, tive de inventar várias técnicas para ser legal — assim, eles realmente iriam querer que eu estivesse ali." Por fim, aprendeu uma série de rotinas sociais que funcionavam, e então veio a revelação: "Eu poderia retirar a mágica daquelas rotinas, e elas ainda teriam um grande efeito." Ele conseguia conversar com qualquer um. Conseguia cativar um grupo. Ao longo do caminho, Horvat-Markovic passou a ter mais de 1,90 metro de altura — e apesar de não ter a aparência de artista de cinema, ainda assim estava se tornando um rapaz atraente. Sua autoconfiança estava melhorando, e ele decidiu que podia usar suas habilidades recém-descobertas para conquistar as mulheres.

Mystery, até então, não havia chegado nem perto das 10 mil horas de prática de suas novas habilidades sociais, e mal havia iniciado a "prática deliberada" em relação às mulheres. Seu modelo mental não sabia de fato como as mulheres funcionavam, como elas reagiam ao que ele pudesse dizer ou fazer, ou por que algo despertava o interesse de uma mulher e não de outra. Ele começou a ir a boates e conversar com mulheres, mas não deu certo repetidas vezes. Então, decidiu levar a sério e ser metódico em sua busca. Leu livros sobre psicologia que lhe deram ideias sobre como conquistar as mulheres — ideias que testou na prática nas boates durante horas, aguentando as rejeições de propósito para que pudesse aprender com esses contatos. Formatou um sistema e escreveu as regras sobre como tudo funcionava entre homens e mulheres. Trabalhou nisso por dez anos. Seu amigo, o autor Neil Strauss, observou: "Ele estudou o comportamento humano. Até que aos poucos juntou as coisas. Os gráficos. Os diagramas. Os algoritmos. Os termos técnicos. Todos os dias, ele jogava sua mente sobre o enigma da interação social."[56]

Horvat-Markovic estabeleceu um conjunto de instruções que chamou de Método Mystery. "Eu o concebi de trás para frente a partir do meu próprio sucesso",[57] declarou Mystery. Ele escreveu tudo em seu livro e criou seminários e oficinas nos quais ensina milhares de homens a conquistar as mulheres. Estrelou um "reality show", *The Pickup Artist*, onde ensinava rapazes completamente desajeitados a falar com as mulheres.

Talvez seja fácil achar que Mystery é uma espécie de piada. Ele costuma aparecer em boates usando óculos presos a um chapéu em forma de disquete, batom vermelho, delineador, jaqueta de pirata e botas com plataforma. Optou por trabalhar não com economia, engenharia ou política, mas sim com levar mulheres para a cama e, mesmo assim, se você ler *O Método Mystery* com frieza, verá que ele é um estudo psicológico e antropológico surpreendentemente cuidadoso.

Em última análise, o método de Mystery é sobre ganhar dois segundos de vantagem em um encontro com o sexo oposto, e para chegar lá, ele prega a prática deliberada. Por exemplo, estimula os recém-chegados ao seu método a ir a bares e boates quatro noites por semana, durante quatro horas, abordando mulheres três vezes por hora. "Em um ano, você terá abordado mais de 2 mil mulheres", disse ele. O resultado, conforme Mystery descreveu em seu livro, é uma definição exata da criação do modelo mental preditivo.

Mystery escreveu: "Os padrões aparecem com o tempo. O comportamento social, antes enigmático, fica claramente em foco. As situações e reações podem ser facilmente previstas antes de acontecerem." E continuou: "Vai parecer que você está se movendo em grande velocidade enquanto o mundo à sua volta retarda a ponto de rastejar. Você não precisa nem pensar no que está dizendo. Sua mente está livre para outras tarefas, tal como planejar a próxima jogada. É quase como ver o futuro."[58]

Mystery, em seu pequeno e estranho ângulo da psicologia popular, descobriu como construir intencional e sistematicamente talento preditivo onde antes havia total ausência dele. Ele é, por assim dizer, um legítimo representante da prática deliberada de Ericsson e do desempenho deliberado de Gary Klein. Mystery conseguiu, na área da conquista das mulheres, o que Gretzky conseguiu no hóquei. Não precisava saber tudo sobre determinada mulher ou planejar com antecedência o que dizer ou fazer. Não precisava de uma visão de longo alcance — tudo o que precisava era de dois segundos de vantagem. Ele conseguia processar o que estava acontecendo em um encontro com uma mulher em tempo real e prever com muita precisão o que estava prestes a ocorrer um movimento à frente. Isso lhe permitia saber exatamente como a mulher em questão reagiria se fizesse determinado tipo de comentário ou se encostasse em seu braço de determinada maneira. Ele havia usado grandes quantidades de dados reunidos ao longo do tempo para organizar padrões e construir um modelo eficiente em sua mente. Seus sentidos conseguiam captar o que estava acontecendo à sua volta, processar o acontecimento por meio desse modelo, compará-lo com os blocos de lembranças e fazer previsões de curto prazo altamente precisas. O resultado foi que conseguia ir a quase todo bar ou boate e sair de lá com uma mulher bonita.

Por mais estranho que possa parecer, as empresas podem aprender com isso. O processo de Mystery poderia representar uma forma de criar um programa de computador que possibilitasse as empresas aprenderem sobre o mercado da mesma forma que Mystery aprendeu sobre mulheres, reagindo da mesma forma que Mystery consegue reagir em um bar. O objetivo é ler uma situação, fazer uma previsão de curto prazo altamente precisa e convencer o cliente. Hoje em dia algumas pessoas conseguem fazer isso. O próximo passo é produzir máquinas que possam ajudar.

Por que prestar tanta atenção em como os modelos mentais podem ser desenvolvidos? Bem, se vamos aprender alguma coisa sobre o cérebro que seja prático para as empresas em curto prazo, o uso inteligente de programas de computador é a solução por vários motivos.

Em primeiro lugar, conforme já vimos, o hardware não explica completamente a natureza preditiva do talento.

Em segundo lugar, o talento fisicamente conectado será muito difícil de replicar em um futuro próximo. Nós estamos começando a vislumbrar isso em pleno início da década de 2010, graças ao que poderia ser chamado de discussão "cérebro do gato".

Nos últimos anos, a conexão do cérebro tem sido um foco importante de atenção, tanto na neurociência quanto nos livros populares sobre talento e inteligência. Em particular, existem várias pesquisas novas sobre uma substância chamada mielina, um material isolante que cobre as fibras nervosas — ou axônios — que transmitem impulsos elétricos em torno do cérebro. A mielina não havia despertado grande interesse dos cientistas no passado, porque aparentemente não fazia nada de importante. No entanto, nos últimos anos, a neuroimagem e a pesquisa celular demonstraram que a mielina se modifica durante o processo de aprendizado. A mielina forma-se em volta dos axônios que são estimulados repetidas vezes pelas experiências, e como cobre o axônio, a velocidade da transmissão do impulso ao longo do axônio aumenta em até 100 vezes comparado a um axônio exposto.

Um dos primeiros estudos que descobriram a ligação entre mielina e aprendizado era relacionado ao malabarismo. Jan Scholz e colegas da University of Oxford, na Inglaterra, usaram ressonância magnética para mapear o cérebro de 48 pessoas — e, em seguida, os pesquisadores ensinaram metade dos voluntários a fazer malabarismos. Após o começo das aulas de malabarismo e a metade malabarista do grupo ter ficado muito boa nisso, Scholz remapeou todos os 48 cérebros. A mielina necessária para conectar as áreas do cérebro necessárias ao malabarismo havia aumentado no grupo que aprendeu a fazer malabarismos quando comparada com o grupo que não aprendeu a fazer malabarismos.[59]

Uma conclusão da pesquisa é que a mielina pode ser produzida e modificada pelo aprendizado, e conforme é produzida, a pessoa fica melhor no que está aprendendo. Através da repetição, este processo coloca seu cérebro no ponto em que algo "entra em sintonia" — aquela transição entre lutar para aprender uma habilidade e executá-la de maneira intuitiva. Se a pessoa comparar com a pesquisa que mostra que os melhores executores sistematicamente passam dez mil horas praticando, é possível ver no que isso vai dar. Toda essa prática parece aumentar muito a mielina em todos os lugares certos. É a manifestação física da prática deliberada.

Quando se precisa interligar informações de todo o cérebro para fazer algo de maneira rápida e fácil, a mielina parece ser essencial. Imagine a mielina no cérebro de Wayne Gretzky — grandes coágulos de mielina em volta dos axônios que conectam seu conhecimento de hóquei com seu conhecimento de como movimentar o corpo para lançar o disco e patinar, ligando tudo isso às informações provenientes de seus olhos e outros sentidos, resultando em um sistema de super alta velocidade dentro do sistema mais amplo de seu cérebro. A mielina é o turbocompressor nos blocos de Gretzky, e é um dos motivos pelos quais Gretzky consegue reagir instantânea e instintivamente no hóquei, mas teria dificuldades para aprender algo como, por exemplo, cirurgia médica. A mielina está sendo produzida em um sistema, mas não em outro.

Embora livros inteiros descrevem como ir aumentando a produção de mielina e, assim, tornar-se mais talentoso em uma atividade, o hardware parece ser apenas uma parte da equação. Alguma outra coisa está acontecendo no software do cérebro, ou programação. O sedutor Mystery e o prefeito Tom Menino não contam apenas com as conexões cerebrais rápidas para examinar cada bit de dados que recolheram sobre mulheres e Boston, respectivamente. Eles não estão refletindo de maneira consciente sobre tudo que aprenderam em dez mil horas. A mulher no bar iria se cansar esperando Mystery chegar à sua segunda frase. Em vez disso, Mystery e Menino afirmam agir por instinto e fazer previsões constantes sobre o que vai acontecer. Conforme Mystery disse: "É quase como ver o futuro." Sabemos com base em Grossberg, Hawkins, Olds e outros pesquisadores que o cérebro de uma pessoa talentosa como Mystery ou Thomas Menino usa todas as informações que reuniu para criar um modelo eficiente, de ação rápida — um pequeno pedaço de software de inteligência que processa os impulsos sensoriais prontamente e faz previsões rápidas e precisas.

Sem dúvida, a mielina deve ajudar o modelo mental a funcionar de modo mais rápido e obter prontamente as informações de locais distantes do cérebro. Contudo, ela não explica como o modelo mental fica programado. Essa é ainda uma grande lacuna para os pesquisadores explorarem. Conforme os cientistas aprendam sobre como esses modelos se formam, isso vai ajudar os estudiosos da tecnologia a criar programas que imitam a intuição e a capacidade de previsão do cérebro — sem ter de construir computadores que funcionem exatamente como um cérebro humano.

É aí onde a discussão cérebro do gato entra.

Vários centros de pesquisa do cérebro e supercomputação em todo o mundo estão competindo para simular o funcionamento do cérebro. A ideia é começar com espécies mais inferiores e evoluir até chegar ao cérebro humano, primeiro simulando uma pequena parte do cérebro de um rato, em seguida, simulando todo o cérebro do rato, posteriormente o cérebro de um gato, e assim por diante. O desafio está previsto para durar anos ou até mesmo décadas, pois a tarefa é muito difícil. Nós vamos nos aprofundar mais a respeito desses esforços nas próximas seções deste livro.

No final de 2009, um dos desafiantes — um grupo liderado pela IBM que incluía cinco universidades e o Lawrence Berkeley National Laboratory — anunciou que havia simulado um cérebro com um bilhão de neurônios e dez trilhões de sinapses, que o grupo afirmou ser mais ou menos o equivalente ao córtex de um gato.[60] Parecia que o grupo havia dado um passo muito maior que o dos outros grupos que atuavam nesse mesmo campo.

O anúncio, porém, irritou Henry Markram, que é diretor do Centro de Neurociência e Tecnologia da Suíça, e está executando um projeto importante de simulação cerebral chamado Blue Brain. Ele disse a todos os meios de comunicação interessados que o cérebro de gato da IBM era extremamente simplista e que uma simulação em grande escala do cérebro de um gato é um problema extremamente difícil. Seu raciocínio dá uma ideia do quão incontrolável é o problema de detalhamento do cérebro: "Os neurônios contêm dezenas de milhares de proteínas que formam uma rede com dezenas de milhões de interações. Essas interações são incrivelmente complexas e exigirão a solução de milhões de equações diferenciais. Eles não têm nada disso", gritou Markram para um repórter do site da Discovery Channel. E continuou: "Os neurônios contêm cerca de 20 mil genes que produzem produtos chamados mRNA, os quais constroem as proteínas. A forma como os neurônios constroem as proteínas e as transportam para todas as partes do neurônio onde são necessárias é um processo ainda mais complexo, que também controla o que um neurônio é, suas memórias e como ele vai processar a informação. Eles não têm nada disso." Markram completou: "As sinapses também são máquinas moleculares extremamente complexas que exigem milhares de equações diferenciais para simular apenas uma. Eles não simularam nada disso. Além do mais, existem as neuróglias — dez vezes mais que os neurônios — o fornecimento de sangue e muito mais. Eles simularam esses "pontos", e as sinapses que usam para a comunicação são literalmente milhões de vezes mais simples que um verdadeiro cérebro de gato. Então, eles nem ao menos simularam o cérebro de um gato em um milionésimo de sua complexidade. Nem sequer se aproximaram do cérebro de uma formiga."[61]

A questão não é se a equipe da IBM ou de Markram é melhor na simulação cerebral. Todavia, a controvérsia do cérebro do gato demonstrou como será imensamente complexo recriar todos os hardwares do cérebro humano em um computador. Markram estava argumentando que um cérebro de gato estava muito além das possibilidades dos computadores mais avançados e dos cientistas mais experientes. Talvez tenhamos de esperar muito até os cientistas replicarem o hardware do cérebro humano em uma máquina. Nesse meio tempo, no entanto, os estudiosos da tecnologia podem se informar pela pesquisa da programação do cérebro — por exemplo, sua capacidade de organizar informações, construir modelos mentais preditivos — e pegar emprestado algumas dessas ideias para mudar a forma como computadores e empresas funcionam.

Joe Lovano entrou no restaurante em Oakland, Califórnia, vestindo uma camisa roxa, calça preta, sapatos brancos e óculos de sol de armação dourada. Ele parecia um turista mal vestido ou uma estrela do jazz *postbop** adequadamente vestida. Felizmente é a segunda opção.

Lovano é um dos saxofonistas mais versáteis e criativos em atividade. Suas bandas são feitas para improvisar, e ele as lidera ouvindo os músicos ao seu redor, prevendo aonde a música deve ir e levando os outros para lá. Reunimo-nos com ele porque queríamos perguntar como adquiriu suas habilidades musicais preditivas e intuitivas.[62]

A conversa foi bastante diferente da que tivemos com Eduard Schmieder. Este sentia que suas habilidades e conhecimento musical simplesmente chegaram até ele, enquanto Lovano disse que teve de trabalhar muito para adquiri-los. Nascido em Cleveland, em 1952, seu pai, Tony "Big T" Lovano, foi um músico de jazz que tocava nos clubes de sua cidade. Assim, Lovano provavelmente teve a sorte de ter uma boa genética e boas conexões cerebrais, mas nada semelhante às conexões que aparentemente abençoaram Schmieder. Lovano começou a tocar sax seriamente quando tinha 12 anos. Seu pai ensinou-o, assim como faziam os amigos e parentes paternos que também tocavam jazz. As bandas do pai costumavam ensaiar na casa de Lovano. Disse Lovano: "Quando fiz 16 anos, já era bom o bastante para tocar com a seção rítmica** do meu pai. Quer dizer, quando a seção rítmica do meu pai não se encolhia de medo quando eu chegava para tocar."

Ele continuou se esforçando — indo rumo àquelas dez mil horas de prática ou desempenho deliberados. Seu pai começou a levá-lo a apresentações que duravam horas, o que estimulou suas capacidades preditivas. Lovano disse: "Eu tinha de ouvir rápido e aprender a ouvir qual música estava tocando e ver para onde ela estava seguindo." Em um caso clássico de prática deliberada, Lovano frequentou o famoso Berklee College of Music em Boston. Mudou-se para Nova York aos 23 anos e jogou-se de cabeça na

---

* N.E.: Designa grupos de Jazz que apareceram na década de 1960.

** N.E.: Também conhecida como "cozinha" no meio musical, trata-se do grupo de instrumentistas responsável pelo acompanhamento da música, dando-lhe ritmo e "pegada".

prática deliberada, participando da *big band* de Woody Herman, a Thundering Herd, viajando pelos Estados Unidos e Europa, e tocando constantemente em clubes. Sem dúvida, a mielina continuou a ser produzida em seu cérebro, acelerando as conexões necessárias para o saxofone no jazz. Enquanto isso, ele continuou a atrair dados de seus contatos musicais, usando-os para refinar seu modelo mental de tocar jazz, armazenando informações importantes em blocos rapidamente acessíveis enquanto esquecia o resto. Com o tempo, chegou ao ponto em que Schmieder obtinha com tanta facilidade que ele não precisava pensar enquanto tocava. Ele disse: "É preciso ensaiar muito até chegar ao ponto em que não se pensa ao tocar — para mim, quando cheguei nesse estágio, eu apenas expressava emoções e tocava com sentimento. Se começar a pensar demais, a música não sai do mesmo jeito."

Na década de 1990, quando Lovano estava na casa dos 40 anos, sua carreira deslanchou, com indicações ao Grammy, vários prêmios na indústria do jazz e apresentações fixas, e, em 2000, ele ganhou o Grammy pelo álbum *52 Street Themes.*

Eduard Schmieder atribuía grande parte do seu talento às conexões cerebrais. Joe Lovano provavelmente tinha boas conexões, porém, o que realmente fez a diferença foi a grande programação que ele construiu.

Wayne Gretzky parecia ter grandes ferramentas e programação cerebral em níveis extremos, e é por isso que ele talvez seja um dos melhores jogadores de hóquei de todos os tempos.

De qualquer forma, a solução foi desenvolver aquele modelo eficiente e muito rápido que permitiu que Lovano, Schmieder e Gretzky vissem o futuro apenas um pouco melhor e mais rápido que a maioria das outras pessoas.

Esta é uma época emocionante. A tendência atual é a neurociência relacionar-se com o que ocorre na Ciência da Computação, promovendo uma aprendizagem mútua. Essa fertilização cruzada dará lugar a novas tecnologias, que podem mudar a forma como os governos e outras organizações negociam. Líderes inteligentes utilizarão os dois segundos de vantagem.

PARTE II

SISTEMAS TALENTOSOS

Se o Sistema Tivesse Um Cérebro

Os robôs no laboratório de Rajesh Rao, na University of Washington, po-deriam ser primos do robô de *Perdidos no Espaço*, Rosie de Os *Jetsons* e C-3Po. Eles têm cabeças quadradas, carregadas eletronicamente, corpos com forma humana, luzes, botões e movimentos desengonçados. Lembram brinquedos, mas não são nem parecidos com um. Os robôs foram criados para ajudar Rao a estudar os cérebros humanos.

Beneficiando-se dos saltos da capacidade da informática e dos avanços na Neurociência, Rao está programando seus robôs de forma que eles processem informações de maneira mais semelhante à dos seres humanos que à dos computadores. Quando o robô anda pelos corredores fora de seu laboratório, prevê cantos e móveis com base nos caminhos que percorreu anteriormente. Se esbarra em algo novo, esses dados vão para o cérebro de seu hardware, e a experiência molda a forma pela qual o robô vai caminhar pelo corredor da próxima vez. Ao lidar com esse assunto, Rao fica bem na junção da Ciência da Computação e da Neurociência. Além do cargo que ocupa no departamento de Ciência da Computação da University of Washington, ele também é professor adjunto nas áreas de Engenharia Elétrica e Bioengenharia, e membro do corpo docente no programa de Neurobiologia e comportamento. Enquanto muitos neurocientistas usam equações e simulações de computador para testar suas teorias, Rao é um dos poucos pesquisadores no mundo que testam conceitos em robôs humanoides.

Rao é um homem franzino, com cabelos escuros impecavelmente penteados e bigode. Ele fala rápido, e mesmo quando diz ter outro compromisso, sua paixão pelo assunto predomina sobre preocupações mais triviais e não interrompe o que está fazendo. Seu escritório no andar superior no novo prédio de Ciência da Computação na University of Washington tem uma vista sensacional do Lago Washington. As prateleiras estão abarrotadas de livros, e também vemos um quadro branco com equações.

Rao foi criado em Hyderabad, no sul da Índia. Quando pequeno, tinha um Sinclair ZX Spectrum — um antigo computador pessoal que podia ser ligado à sua televisão. A máquina fez com que ficasse viciado em computadores. Após ter feito suas provas de admissão para universidades americanas, Rao de repente ouviu falar da Angelo State University, no Texas, que lhe ofereceu uma bolsa de estudos, e ele saiu da Índia para ir morar nos Estados Unidos. Após obter dois bacharelados, em Ciência da Computação e Matemática, ele foi estudar na University of Rochester, em Rochester, Nova York, para fazer mestrado e doutorado. Palavras dele: "Achei que fosse estudar a teoria da Ciência da Computação, mas me interessei pelo problema da visão computacional. Eu estava tentando cuidar desse problema de reconhecimento, e para fazer isso é necessário ter algum entendimento de como o cérebro funciona. Então, começamos a estudar a arquitetura do cérebro."[63]

Mais ou menos em 1995, Rao começou a desenvolver sua teoria da previsão no cérebro. Ele inspirou-se no livro *Large-Scale Neuronal Theories of the Brain*, editado por Christof Koch e Joel L. Davis (MIT Press, 1994). Em particular, o capítulo escrito por MacArthur, colega de David Mumford, indicou a presença de grandes conexões de feedback no neocórtex humano e sugeriu um possível papel dessas estruturas no processo de gerar expectativas. Mais ou menos na mesma época, Rao ficou intrigado com a forma pela qual vários cientistas estavam estudando os modelos gerativos — modelos internos do mundo que os sistemas (sejam eles computadores ou cérebros) desenvolvem durante o desenrolar de sua existência. Esses modelos internos possibilitam que o sistema faça previsões e as compare constantemente com os acontecimentos reais que as redes sensoriais do sistema captam. Rao diz: "Comecei a tentar associar algumas ideias sugeridas por Mumford à noção de modelos gerativos, e com o tempo cheguei à teoria computacional de como o córtex pode empregar a previsão para a percepção." Nosso cérebro percebe as coisas primeiramente prevendo o que irá perceber, em seguida compara a previsão e os acontecimentos reais, prestando atenção aos elementos que são, em essência, surpreendentes.

Em 1999, Rao publicou um artigo na respeitada revista *Nature Neuroscience,* sugerindo que o córtex visual é um preditor hierárquico. A palavra "hierárquico" refere-se aos níveis de percepção do cérebro, a partir da imagem mental em alto nível que o cérebro administra nos mínimos detalhes. Rao afirma: "O plano em alto nível seria: eu disse a você para vir aqui. A hierarquia (no nível mais alto) seria: você tem de decidir pegar o carro e levá-lo à estrada. E em seguida havia todas essas subpartes, como 'pegar a chave' e 'ligar a ignição'. Elas todas estão associadas a esse conceito de previsões." Isso coincide com as conclusões de outros cientistas sobre a organização em blocos. Quanto mais os detalhes puderem ser unidos e vistos com um padrão único, mais as previsões podem concentrar-se nas atividades de nível mais alto.

Rao também foi influenciado pelo livro de Hawkins, *On Intelligence.* Conforme Hawkins escreveu: "O córtex é um órgão de previsão. Se queremos entender o que é inteligência, o que é criatividade, como o cérebro funciona e como construir máquinas inteligentes, devemos entender a natureza dessas previsões e como o córtex as faz."[64]

Então, Rao está tentando entender como o cérebro humano funciona, e usar esse conhecimento para construir algumas das primeiras máquinas inteligentes — neste caso, robôs. Para fazer os robôs aprenderem da mesma forma que seres humanos, Rao está começando com o nível dos bebês humanos. Os bebês progridem de rolar para engatinhar, de andar em volta de uma mesa para outra maneira mais independente, e Rao quer ver se seus robôs conseguem aprender a fazer o mesmo. Rao diz: "Quando os bebês nascem, fazem muita tagarelice corporal, ou seja, eles se debatem, tentam agarrar as coisas, fazem muitas experiências. Quando saem dessa fase, seus cérebros têm um bom modelo de seus corpos e de como estes interagem com o berço ou outras pessoas. Quando as pessoas têm um bom modelo de seus corpos, conseguem fazer boas previsões, usar isso para pegar objetos, falar com os outros etc. São essas coisas que acreditamos serem possíveis implementar também em um robô."

A fisicalidade do robô é importante para Rao. O robô pode ser equipado com sensores de equilíbrio, sensores de pressão sobre o pé, sistema giroscópico e outras ferramentas avançadas que lhe concedem estímulos mais semelhantes aos dos seres humanos a partir de seu ambiente. Quando o robô se movimenta, ele consegue processar leituras de seus dispositivos. "O robô deve aprender sobre si mesmo da mesma forma que os seres humanos fazem, de formas preditivas. Neste caso, é no intervalo de milésimos de segundo. Ele pode dizer, vou movimentar minha postura desta forma, e depois ver, ok, minha pressão giroscópica faz isso, e meu sensor nos pés sente isso", diz Rao.

Se o robô conseguir organizar as pequenas coisas em blocos, então Rao conseguiria lhe dar uma ordem mais sofisticada como, "Vá para a cozinha", e o robô conseguiria gastar sua capacidade de processamento examinando onde fica a cozinha e a melhor forma de chegar lá, em vez de como mover seus pés e manter o equilíbrio. Afirma Rao: Isso é a nova fronteira na inteligência artificial — ou talvez a primeira fronteira nas máquinas preditivas e talentosas.

Rao também acredita que o cérebro não apenas faz previsões, mas também computa a incerteza associada às suas previsões. Ele diz: "Se você aprendeu uma tarefa muito bem, suas previsões serão precisas e a incerteza associada a elas será pequena. Em compensação, se você for novato ou estiver em um ambiente desconhecido, as suas previsões terão grande incerteza associada a elas. Acreditamos que o cérebro mantém um registro da incerteza associada às suas previsões e usa ativamente essas informações quando toma decisões e executa ações." O curioso é que esse mesmo contexto é uma grande parte do software no computador Watson da IBM, que em 2011 ganhou de seres humanos no programa de perguntas e respostas *Jeopardy*!

Em termos ideais, diz Rao, quando os cientistas entenderem como o cérebro humano funciona, pode ser dada aos robôs a tarefa de resolver problemas de forma humana. Finalmente, se o robô conseguir obter o equivalente às dez mil horas de prática deliberada, ele pode desenvolver talento. Contudo, em um prazo mais curto, Rao está calculando como fazer a máquina atrair grandes quantidades de informações, usá-las para construir um modelo, organizar o restante em blocos e, em seguida, ser capaz de fazer previsões em curto prazo sobre o mundo com o qual se depara.

As antigas visões de Rao a partir dos cruzamentos da Neurociência e da Ciência da Computação estão fornecendo ideias sobre computação e sobre como os computadores poderiam funcionar se trabalhassem de forma um pouco mais semelhante ao cérebro humano. Essas visões não poderiam vir em melhor hora para as empresas e a sociedade.

Até 2010, a "enxurrada de dados" tornou-se um assunto corrente nas conversas do pessoal da área tecnológica e administrativa. Se voltarmos para 1990, os dados achavam seu caminho nos sistemas informatizados de relativamente poucas formas: cartão de crédito e transações bancárias, sistemas de back-office que mantinham um registro de folha de pagamentos e estoque, exames de compras de supermercado, tráfego telefônico de linhas fixas, conhecimento superficial de computadores pessoais em Prodigy, e não muito mais do que isso. Começando no final da década de 1990, a internet e os sites de consumidores mudaram esse quadro radicalmente. Hoje em dia, quase dois bilhões de pessoas em todo o mundo estão na rede, e estão comprando, escrevendo atualizações no Twitter, postando vídeos, ouvindo música e trabalhando. Os celulares também deslancharam, e em 2011 existiam quase cinco bilhões de assinaturas de celular em escala global. Todas essas atividades, incluindo serviços em locais fixos que contam com satélites de posicionamento global, estão afluindo para bancos de dados de computadores.

Ademais, o mundo físico está cada vez mais lotado de sensores digitais, todos introduzindo dados em algum lugar. Os sensores monitoram o fluxo da água nos rios, o tráfego nas estradas da cidade, a quais programas de TV estão sendo assistidos, o nível de açúcar nos vinhedos, os carregamentos de lápis, o movimento de tudo, de vagões de carga às baleias nos oceanos — e muito mais. Em um voo de uma ponta à outra dos Estados Unidos, os sensores de um Boeing 737 geram cerca de 240 terabytes de dados.[65] Se todos os dados de todos os aviões a jato em operação fossem salvos em sistemas informatizados de armazenamento, isso iria inundar todos os centros de processamento de dados no planeta.

A enxurrada de dados continua a ganhar velocidade conforme as pessoas trabalham e distraem-se cada vez mais na web, e os sensores se movimentam mais rapidamente no mundo físico. Os depósitos mundiais de informações digitais continham 281 exabytes de dados em 2007 e terão seis vezes mais em 2011, um aumento de 1,8 zettabytes. Esses números são inimagináveis (um usuário de PC típico pode atingir em torno de 1 gigabyte. Um terabyte corresponde a mil gigabytes, um petabyte a mil terabytes, um exabyte a mil petabytes e um zettabyte a mil exabytes). A Gartner Group prevê que os dados de empresas em todas as formas crescerão 650% nos próximos cinco anos, enquanto a firma de pesquisa IDC afirma que os dados de todo o mundo dobram a cada 18 meses.[66]

Teoricamente, todos esses dados devem ser uma dádiva dos céus. Quanto mais sabemos, mais devemos ser capazes de fazer as coisas. Se uma empresa sabe mais sobre seus clientes, deve ser capaz de agradar esses clientes ainda mais. Se uma cidade sabe mais a respeito de seu tráfego, deve administrá-lo melhor e ser mais inteligente quanto às estradas que constrói. Se uma pessoa sabe mais a respeito do que come e como queimar calorias, deve ser capaz de descobrir a maneira ideal de controlar o peso. Conforme os dados ficam mais profundos e precisos, tudo a que eles se referem fica mais otimizado, produtivo e eficiente.

Todavia, encontramos um obstáculo. Existem tantos dados que os sistemas atuais estão tendo cada vez mais dificuldade em achar e processar os dados certos para obter as melhores respostas. Um estudo efetuado em 2010 pela Avanade descobriu que 30% dos executivos afirmam não conseguir os dados que precisam na velocidade necessária, e 61% querem acesso mais rápido aos dados. Não são muitas as pessoas que querem menos dados — na verdade, um em cada três executivos quer *mais*.[67] Outro estudo, realizado pelo Instituto de Tecnologia de Massachusetts (Massachusetts Institute of Technology, MIT), em 2010, relatou que 60% dos executivos afirmam que eles "têm mais informações do que podem efetivamente usar". Ainda assim, as empresas e governos continuam a acrescentar sensores a coisas físicas e a recolher cada vez mais dados da atividade eletrônica. O fluxo de dados crescerá sem parar no futuro próximo.

Ao mesmo tempo, as formas de compreender todos esses dados mudaram aos poucos. Os computadores funcionam praticamente da mesma maneira que nos últimos 60 anos, apenas muito mais rápidos. Bancos de dados e programas de simulação e software analítico remexem os números através de algoritmos um passo de cada vez, em sequência. E apesar das máquinas calcularem em frações de segundo, à medida que os dados se acumulam, empurrá-los através de algoritmos sequenciais é como forçar o oceano a passar por um canudo. Até agora, a solução tem sido uma abordagem de força bruta: acrescentar mais processamento de computador e processamento paralelo — ou seja, acrescentar mais canudos. No entanto, nem mesmo isso consegue manter um ritmo de trabalho constante. Digerir todos os dados disponíveis para compreendê-los levará cada vez mais tempo se os modelos de computadores continuarem praticamente os mesmos.

Esse é um grande problema, pois o tempo para reagir está ficando cada vez menor.

Conforme abordado anteriormente neste livro, durante a maior parte do século XX, as empresas funcionaram de uma forma que podemos chamar de Empreendimento 1.0. Era a época simples de quando os computadores ficavam nos fundos e apenas algumas pessoas mexiam neles. O tempo para reagir às informações parecia rápido naquela época, porém, sob a perspectiva atual, parece que era muito lento.

Os sistemas de computação modernos nos trouxeram para o mundo do Empreendimento 2.0, reduzindo o tempo para reagir de maneira dramática. Dependendo da quantidade de dados que tinha de ser selecionada, a resposta do computador poderia vir em segundos, horas ou dias. Um executivo da área financeira conseguia descobrir o que estava acontecendo em uma filial com muito mais rapidez — e os concorrentes do banco conseguiam se movimentar com a mesma velocidade. O ritmo dos negócios acelerou.

Agora, na década de 2010, estamos na terceira fase — no Empreendimento 3.0. Os dados estão em todos os lugares, o tempo todo. O cliente do banco pode estar em uma agência ou em um caixa eletrônico, em um site ou olhando pelo telefone celular. Se o cliente não está satisfeito com, por exemplo, uma taxa do mercado financeiro, pode na mesma hora ver as ofertas dos concorrentes online. Se o executivo de um banco tem de fazer uma pergunta de dados para compreender ou agir, as respostas virão tarde demais. O ritmo é tão rápido que os sistemas agora têm de responder a *acontecimentos* em vez de perguntas. Eles têm de ser capazes de saber quando algo acontece e reagir imediata e automaticamente. Os sistemas têm de antecipar e prever. Um pouco das informações certas um pouco antes é muitas vezes mais importante que um carregamento de informações que chega tarde demais. Se o cliente do banco está online, o sistema precisa saber por sua atividade que ele está prestes a se interessar por uma boa taxa de mercado e oferecer um acordo que supere os concorrentes *antes* que o cliente procure o mesmo serviço em outro lugar. Não há tempo para o gerente fazer uma pergunta ao banco de dados. O sistema tem de perceber o que está acontecendo e reagir não apenas instantaneamente, mas um pouco antes da hora — sim, tal como Gretzky.

Em 2010, o San Francisco Giants ganhou a Série Mundial de beisebol. Uma vantagem que o time tinha sobre os adversários pode ter vindo da tecnologia fornecida pela Sportvision. Foi essa empresa que criou a linha virtual amarela que você vê nas transmissões de televisão da NFL, que ajuda o telespectador a acompanhar melhor o andamento do jogo. A Sportvision também produz um produto chamado FIELDf/x. Duas câmeras com visão de computador em torres bem acima do AT&T Park dos Giants registram os movimentos dos jogadores durante os jogos, capturando mais de 600 mil pontos de localização em um jogo. As informações fluem para um banco de dados, no qual um computador pode juntá-los com dados de partidas anteriores e analisar quais jogadores são mais eficientes na defesa, quais têm melhor desempenho com a bola etc. Juntar os dados de toda uma temporada pode ajudar a comissão técnica dos Giants a orientar jogadores sobre como melhorar a defesa, escolher quais jogadores são colocados em quais posições e decidir melhor quais jogadores são importantes o suficiente a ponto de continuar no time.[68]

Na Suíça, a Cablecom é a maior provedora de internet banda larga e TV a cabo do país. Ela recentemente colocou em ação o software analítico de banco de dados sobre deserções de clientes. Ao analisar o comportamento do cliente e as chamadas para o serviço de atendimento ao cliente, a Cablecom descobriu que, embora as deserções dos clientes novos atinjam o auge no 13º mês, muitos clientes começam a tomar a decisão no nono mês. Então, a empresa começou a oferecer acordos promocionais no sétimo mês, e isso funcionou, pois as deserções foram reduzidas em um quinto.

Ambos são exemplos de exploração de bancos de dados e sugestão de ideias úteis. Tanto a Giants quanto a Cablecom continuam analisando os dados, digerindo-os e obtendo respostas após cada fato. É claro que isso ajuda, mas talvez não da forma que deveria ser na era do Empreendimento 3.0. O sistema do Giants poderia dar um passo além, se tivesse parte dos instintos de tempo real de um técnico de beisebol veterano e, no meio do jogo — com base em eventos que acontecem naquele momento —, conseguisse prever que substituir um *shortstop* (jogador que fica na posição defensiva entre a segunda e a terceira base, no beisebol) por outro jogador com um conjunto de capacidades diferentes, ajudaria a bloquear a defesa do adversário. A Cablecom poderia economizar muito dinheiro se não tivesse que oferecer a cada cliente novo um desconto no sétimo mês, mas conseguisse observar quais clientes estavam ficando insatisfeitos e oferecer a promoção somente a esses clientes, no exato momento em que eles estavam ficando insatisfeitos.

Na década de 2010, algumas tendências tecnológicas estão convergindo para ajudar os sistemas de informática a passar para Empreendimento 3.0. Uma é a computação em tempo real; outra é a analítica preditiva.

A computação em tempo real significa estudar os dados conforme eles entram e entendê-los imediatamente. Uma versão simples disso irá ajudar os campeões de natação a melhorar seu desempenho. É um sistema da Avidasports of Harper Woods, Michigan. Um técnico utiliza o sistema prendendo sensores na cabeça, nos pulsos e nos tornozelos de um nadador. Os sensores sem fio enviam um fluxo de informações para um laptop que mede a velocidade do nadador, a contagem de braçadas, o batimento das pernas, o tempo de virada, o ritmo de movimentos dos pés e várias outras medidas. Conforme os dados entram, são comparados instantaneamente, durante o nado, com informações das práticas anteriores do nadador, para que o técnico possa verificar se há queda de rendimento em algum aspecto. O técnico pode então falar com o nadador através de um fone sem fio e pedir para ele ajustar o batimento de pernas ou contagem de braçadas. Os dados são úteis naquele momento.[69]

Um projeto do Instituto de Tecnologia da University of Ontario, em Oshawa, administrado pela professora de informática médica Carolyn McGregor, ajuda bebês prematuros acrescentando analítica preditiva à computação em tempo real. Os bebês são conectados a sensores que registram sete fluxos de dados, incluindo respiração, frequência cardíaca e pressão arterial. Somente o eletrocardiograma registra mil leituras por segundo. Ao combinar os fluxos de dados recebidos com padrões conhecidos, o sistema pode identificar o início de uma infecção potencialmente fatal antes dos sintomas serem vistos de outra forma pelo médico. Ao ficar um pouco à frente na situação, os médicos podem ter mais chances de tratar a infecção.[70]

O projeto de McGregor é um pequeno exemplo da tecnologia se tornar um pouco mais preditiva. Projetos como esse estão surgindo em todo o mundo — alguns limitados, outros ambiciosos. Esses são passos em direção ao talento semelhante ao cérebro — em direção aos dois segundos de vantagem que poderiam fazer um hospital, empresa ou entidade pública antecipar eventos como um ser humano talentoso.

O crescimento acentuado dos telefones celulares na Índia foi um milagre caótico e louco do século XXI. Um país que tinha pouca infraestrutura de comunicação apenas 20 anos antes desencadeou uma enorme demanda, quando as torres de telefone celular invadiram a paisagem. Até a primavera de 2010, 550 milhões de pessoas na Índia tinham celulares — praticamente ninguém tinha um na década de 1990 — e várias operadoras estavam juntas para recrutar 20 milhões de clientes novos por mês (a maior operadora de celular dos Estados Unidos, Verizon Wireless, tinha cerca de 93 milhões de clientes em 2010. A Índia estava acrescentando uma base de assinantes do tamanho da Verizon Wireless a cada cinco meses).

O empreendimento de telefones celulares na Índia funciona de forma diferente em relação aos Estados Unidos. A maioria dos assinantes não assina contratos de longa duração, e qualquer telefone pode ser usado em quaisquer redes de uma dúzia de operadoras. A concorrência entre estas é grande, porque qualquer cliente pode trocar de operadora a qualquer momento. O cliente pode ir embora por conta de apenas um momento de insatisfação.

A Reliance Communications é a maior operadora de celular indiana. Todos os dias, a Reliance tem três milhões de "recargas" — um cliente acrescentando um pacote de minutos ou mensagens de texto em seu telefone. Isso significa 150 a 200 eventos de recarga por segundo. A empresa vem obtendo 150 mil clientes novos por dia — enquanto perde, ao mesmo tempo, dezenas de milhares para os concorrentes. Toda essa movimentação estava gerando grandes quantidades de dados e, ainda assim, o ritmo de atividade não deixava tempo para analisá-la. A Reliance queria enfrentar o problema da rotatividade dos clientes e achar um jeito de impedi-los de procurar os concorrentes. O procedimento habitual — abrir caminho em dados anteriores para descobrir tendências e ideias — simplesmente não daria certo nessa situação frenética. Em razão disso a Reliance considerou a tentativa de atuar como um organismo em vez de uma empresa.

Sumit Chowdhury, diretor-executivo de informações da Reliance Communications no final da década de 2000, antes de ir para a IBM, disse: "Como se desenvolve o subconsciente de uma organização? Não há tempo de tomar decisões lá no fundo da mente — não há tempo de levá-la para o depósito de dados. Isso tem de ser um reflexo. Estamos desenvolvendo a intuição."[71]

A intuição da Reliance significa preparar-se para conter a rotatividade. Conforme Chowdhury explicou, a Reliance queria ser capaz de prever o momento em que o cliente começasse a ficar frustrado e pensasse em procurar outra operadora, para que a Reliance conseguisse, nesse caso, oferecer um desconto que fizesse o cliente decidir não ir embora. Contudo, a Reliance não queria dar descontos a todos os clientes depois de determinado período — como fez a Cablecom da Suíça —, porque assim ela perderia dinheiro em ofertas que deu a pessoas que não estavam querendo sair da operadora. A pesquisa da Reliance descobriu que uma série específica de acontecimentos — como um determinado número de chamadas que caíam em determinada quantidade de tempo para determinado tipo de cliente — muitas vezes significava que o cliente estava cogitando sair. Oferecer uma promoção naquele exato momento geralmente segurava o cliente. Como a Reliance poderia prestar atenção em consequências específicas entre 120 milhões de clientes em um país enorme e reagir a elas instantaneamente?

Chowdhury nos disse quando estava na Reliance: "Não poderíamos levar isso ao banco de dados — iria demorar 24 horas.

Tínhamos de ser capazes de tomar uma decisão como *aquela*, sem reprocessar toda nossa aprendizagem. Então, pegamos uma pequena fatia de informações e um perfil do cliente, preparamos uma promoção, elaboramos o histórico do cliente e esperamos os acontecimentos. Isso elabora apenas a quantidade certa de informações em tempo real."

O recurso rapidamente ajudou a reduzir a rotatividade na Reliance. No entanto, Chowdhury não estava satisfeito. Ele acreditava que esses sistemas tinham de funcionar com o talento semelhante ao de Gretzky, processando acontecimentos através de um modelo eficiente e fazendo previsões instantâneas e precisas. O sistema da Reliance ainda estava contando com regras precisas que tinham de ser escritas por programadores, pois não havia aprendido sobre situações e como se ajustar. Não conseguia prestar atenção constante nos clientes, usar essas informações para construir modelos melhores de comportamento, fazer previsões, testar as previsões contra o que de fato aconteceu, e refinar o modelo cada vez mais. Um sistema como esse, explicou Chowdhury, "pode não ser tão preciso, mas seria bom o suficiente sob o ponto de vista estatístico. Talvez ele errasse 5% do tempo, mas tudo bem. Seria mais como uma arbitragem efetuada com ponderação". Em outras palavras, seria mais humano em sua tomada de decisões. A velocidade de ser capaz de tomar essas decisões ponderadas iria mais que compensar as vezes em que essas decisões fossem equivocadas. Se o sistema conseguisse prever instantaneamente quais clientes estavam para sair da operadora e acertasse na maior parte do tempo — e com maior frequência que os concorrentes —, então a Reliance iria se sair bem.

Em outras palavras, a Reliance está correndo atrás dos dois segundos de vantagem. Se a empresa tem só um pouco das informações certas com alguns segundos de antecedência, isso é mais importante que todas as informações do mundo meses após o ato. A enxurrada de dados, e tempos de reação cada vez menores, estão obrigando as empresas a procurar um novo tipo de solução.

A chegada dos computadores super-rápidos, que conseguem processar fluxos de dados em tempo real, combinada com o trabalho pioneiro com analítica preditiva, está disseminando ideias novas para a tecnologia preditiva, bem como novas formas de pensar sobre como as empresas podem se comportar de forma mais semelhante a organismos. Ideias a partir dos dados, que costumavam estar disponíveis apenas após o fato, agora podem chegar de maneira imediata e contínua. O próximo passo é que essas ideias cheguem com antecedência. Se os neurocientistas computacionais estiverem certos, o funcionamento interno que torna as pessoas talentosas excepcionalmente bem-sucedidas, pode fazer com que as empresas sejam excepcionalmente bem-sucedidas.

Pouco a pouco, isso está começando a acontecer. O setor de varejo, por exemplo, está adotando ativamente a tecnologia dos dois segundos de vantagem.

Os varejistas fazem previsões sobre compras futuras desde o início da prática do comércio. Quando uma mercearia coloca prateleiras de doces nas semanas que antecedem o Halloween, ou uma loja de material de escritório expõe uma vitrine de material escolar no final de janeiro, elas estão fazendo previsões sobre a demanda. Óbvias promoções periódicas foram ofuscadas nas últimas décadas por explorações de dados mais sofisticadas, nas quais o varejista analisa todas as transações de vendas e entende como misturar os produtos que vendem bem juntos. Se você sabe que os clientes que compram petiscos à base de *tortillas* também tendem a comprar salsa, você pode colocar esses dois itens próximos nas prateleiras. Outros algoritmos estudam a demografia ou padrões de tempo. O Walmart norte-americano, por exemplo, observou que determinados produtos — incluindo, por incrível que pareça, Pop-Tarts (biscoito pré-cozido recheado) —, vendem muito logo antes de furacões. Por isso, o Walmart sabe que deve levar esses produtos rapidamente às lojas quando um furacão está a caminho.

Contudo, a capacidade de fazer previsões sobre compradores específicos representa uma nova fronteira.

A Rent-A-Center está começando a percorrer esse caminho. A empresa, com sede em Plano, Texas, explora 3 mil lojas que alugam tudo, de TVs a luminárias, de camas a máquinas de lavar. No passado, os vendedores da empresa não sabiam muito sobre as pessoas que vinham à loja. "Nós sabíamos quem eram nossos clientes, mas não tínhamos ideia de quais produtos eles preferiam, qual o padrão de comportamento quando alugavam, as peculiaridades demográficas, ou as mudanças em suas vidas que provocariam futuras locações", disse John Gideon, diretor-geral de gestão de dados da Rent-A-Center.[72] O cliente pode alugar mobília para uma sala de estar com sete peças e, duas semanas depois, voltar para alugar uma luminária. Se o cliente tratasse com um vendedor diferente, aquele vendedor não saberia que o cliente poderia estar aberto a alugar uma TV de tela grande para combinar com sua sala de estar recém-alugada.

A Rent-A-Center vem implementando um sistema que captura informações sobre o cliente e começa a construir um modelo daquela pessoa. Alguns desses dados correspondem simplesmente ao que o cliente aluga e conceitos básicos, como a idade e local de domicílio. No entanto, os vendedores também devem registrar coisas que descobrem sobre cada cliente em suas conversas — uma preferência de cor, idades dos filhos, tamanho da casa. Conforme os dados a respeito dos clientes aumentam, o sistema consegue analisar dados gerais sobre como os clientes se comportam e aplicá-los a um determinado cliente que chega na loja — e fazer uma previsão. Seria possível notar que, digamos, os últimos aluguéis de Joe e Rita resultam em uma grande possibilidade de eles quererem alugar móveis de bebê. O sistema poderia em seguida jogar esses dados na tela do vendedor, e ele daria essa sugestão. O Sam's Club compreendeu como fazer previsões muito precisas, a ponto de alguns clientes começarem a ficar assustados.

O sistema do Sam's Club, chamado de eValues, foi lançado em 2009. Foi desenvolvido para a Sams's por FICO, empresa anteriormente conhecida como Fair Isaac, famosa por analisar históricos de crédito individual e atribuir às pessoas uma pontuação que resume sua capacidade financeira para obter crédito. Os compradores que se inscrevem na participação de nível "extra" da loja recebem um cartão que lhes dá direito a descontos especiais adaptados a eles com base nos produtos que compraram anteriormente. Os compradores podem obter informações sobre seus descontos por e-mail, examinando o cartão em uma cabine na loja, ou entrando no site do Sam's Club. Também existe a opção do aplicativo para celular. O sistema não envolve nenhum cupom físico para recortar ou cortar — as reduções de preço são aplicadas na caixa registradora.[73,74]

Nos bastidores, o software do Sam's primeiro examina bilhões de históricos de transações, classificadas por compradores individuais. Dessa forma, o Sam's consegue construir modelos de software de cada cliente a partir da análise do banco de dados. Isso significa, basicamente, organizar em blocos perfis de clientes individuais. Em seguida, o sistema abandona o banco de dados e reage aos eventos de compra do cliente, estudando mais que apenas as compras anteriores para identificar padrões. Ele também rastreia a data prevista de quando o cliente pode precisar estocar algo que ele comprou antes. Por exemplo, considera quanto tempo leva para uma típica família de quatro pessoas consumir 10 pacotes de creme dental, para que algumas semanas antes do último tubo acabar, o algoritmo ofereça aquele comprador um desconto na pasta de dente. O Sam's descobriu que compras que aparentemente eram feitas ao acaso podem ser altamente preditivas de acontecimentos que mudam a vida, como o nascimento de um filho ou divórcio, e o sistema poderia saber se era provável que determinada pessoa comprasse uma TV de tela grande nos próximos dois meses — e fazer uma oferta pouco tempo antes daquele comprador sequer começar a procurar pela TV de tela grande. Para ajudar a certificar-se de que os clientes não achassem que o Sam's estava se intrometendo demais em suas vidas, tomou a decisão de contar aos seus clientes premium exatamente o que estava fazendo, afirmando que as ofertas preditivas eram um benefício da condição de cliente especial.

Os clientes responderam de maneira positiva. Enquanto os cupons tradicionais têm uma taxa de resgate de cerca de 1%, as promoções eValues do Sam's Club são resgatadas entre 20% e 30%. Esse índice provavelmente vai melhorar com o tempo, conforme o sistema incorpore novos dados de vendas para melhorar a precisão de suas previsões.

O varejo é um setor que está se voltando bastante para os dois segundos de vantagem. Todavia, conforme veremos no próximo capítulo, as ideias inovadoras sobre construir um talento preditivo semelhante ao cérebro em máquinas estão surgindo em todas as áreas, de cassinos a empresas de eletricidade e vinhedos. Ao longo do caminho, elas estão mudando a forma que os executivos pensam sobre as empresas. Dois segundos de vantagem podem não parecer uma grande vantagem, porém, as empresas que os adotam podem ser futuros Gretzkys, indo para aonde o disco estará em vez de se direcionar aonde ele esteve.

Tecnologia e Empreendimentos Talentosos

Jose Cordero passou quase uma década tentando trazer os dois segundos de vantagem para o trabalho da polícia, em uma cidade que precisava muito disso.

East Orange, Nova Jersey, fica próxima a Newark. É uma viagem de 20 minutos de trem de Nova York, mais uma pequena viagem de carro por bairros decadentes e quarteirões de fachadas de lojas surradas. No começo da década de 2000, East Orange tinha um dos índices de criminalidade mais altos do país. A violência das gangues e tiroteios eram comuns, e os cidadãos inocentes precisavam de coragem para sair de casa. Mais de 1.900 carros foram roubados em East Orange em 2003 — uma média de mais de cinco por dia em uma cidade com cerca de 700 mil residentes. A força policial, formada por 300 pessoas, carente de recursos, não conseguia dar conta e estava perdendo a cidade.[75]

Até 2010, a história havia mudado muito, e um grande motivo para que isso acontecesse foi Cordero, chefe de polícia. Com seu terno em estilo arrojado e bigode, ele parece líder de uma banda de jazz da década de 1940, exceto pelo BlackBerry que toca constantemente em seu cinto. Em uma visita ao seu escritório no verão de

2010, Cordero mostrou-nos um painel eletrônico no qual apareciam as últimas atividades da polícia em uma grande tela de computador. Dois computadores Dell estavam em plena atividade sobre a mesa, alimentando as estatísticas, imagens e análises na tela. Esse sistema, o Painel Eletrônico de Execução da Lei (LEED), ajudou Cordero e sua equipe a conseguir o improvável. De 2003 a 2009, a criminalidade em East Orange caiu 71%. Os índices de assassinatos, assaltos e roubos de carros despencaram. As gangues, acuadas pela repentina repressão por parte da polícia de East Orange, aparentemente passaram a atuar em outro lugar. O sistema de Cordero foi tão eficaz que chefes de polícia do Brasil, da Turquia e de outras partes do mundo foram até lá para saber mais a respeito. No entanto, enquanto Cordero fala com empolgação da tecnologia preditiva de sua polícia, enfatiza que a tecnologia em si é apenas uma parte da história. A tecnologia permitiu que East Orange pensasse de maneira completamente diferente sobre o que a polícia faz.[76]

Cordero entrou na polícia com formação em tecnologia. Formou-se no Instituto de Tecnologia de Nova York e em seguida ingressou no Departamento de Polícia de Nova York, onde ficou por 21 anos. Durante esse tempo, trabalhou com o revolucionário banco de dados de crimes de Nova York, CompStat, criado sob a administração do comissário de polícia de Nova York, Bill Bratton, na década de 1990. As ideias do CompStat foram importantes para o sucesso de Nova York em diminuir os índices de criminalidade na década de 1990. Quando Cordero foi contratado como chefe de polícia de East Orange, em julho de 2004, sentiu que havia espaço para uma próxima geração de tecnologia de combate ao crime — um sistema que ia além de explorar os dados e partia para a previsão.

A polícia de East Orange não tinha muito dinheiro para gastar, então, Cordero iniciou o processo elaborando alguns softwares de bancos de dados em sua casa para descobrir padrões de antigos dados de crimes. A partir daí, sua equipe continuou a acrescentar dados. Dispositivos de GPS rastreavam carros de polícia e os colocavam no mapa. O departamento comprou detectores da ShotSpotter que conseguem captar o som de uma arma de fogo disparando e informar o local. A polícia instalou câmeras de vigilância e depois câmeras inteligentes da DigiSensory Technologies, que conseguem verificar padrões de maneira independente (como um grupo de pessoas que se reúnem onde não devem se reunir) e avisar a polícia. O departamento acrescentou um site que permite que os cidadãos indiquem anonimamente uma atividade suspeita, criando ainda outro fluxo de dados. Em cada fase, Cordero procurou extrair todas as informações de toda a tecnologia em um sistema único, que conseguisse analisar e fazer a referência cruzada dos fluxos. Dessa forma, a detecção de um disparo de arma poderia ser combinada a imagens vindas da câmera, e depois a polícia poderia, utilizando GPS, identificar o carro de polícia mais próximo e enviá-lo para aquele local. No todo, Cordero calcula ter gasto cerca de 1,4 milhões no sistema — quase nada comparado ao dinheiro que as grandes empresas gastam em TI.

Com os fluxos de dados se desenvolvendo no painel de Cordero, ele quis que o sistema aprendesse com eles e começasse a prever o que estava para acontecer. Ele não estava procurando previsões conceituais amplas com semanas ou dias de antecedência, mas sim previsões muito específicas com minutos ou até segundos de antecedência. Previsões em um prazo maior extraídas da análise do banco de dados podem dar à polícia algumas ideias sobre quando e onde os crimes podem ocorrer. Previsões em um prazo mais curto, impulsionadas pelos acontecimentos reais e conhecimento profundo dos padrões dos crimes, têm maior probabilidade de serem altamente precisas, dizendo aos policiais quando e onde o crime ocorrerá. Se a previsão do crime se der com antecedência suficiente, a polícia pode realmente impedir que esse crime aconteça.

Então, o departamento ajustou o sistema "para identificar uma série de ações que em si mesmas talvez não signifiquem nada, porém, em uma determinada sequência, indicam que é provável que um crime ocorra", disse Cordero. Um exemplo: câmeras inteligentes podem observar que uma pessoa está caminhando depois da meia-noite em determinada rua onde foram cometidos muitos assaltos naquela mesma hora da noite. Isso não necessariamente envia alarmes através do sistema, mas as câmeras podem observar que um carro se aproxima, diminuindo a velocidade ao se aproximar daquela pessoa. "Agora queremos saber o que está acontecendo", disse Cordero. O sistema avisa um policial que está no centro de operações próximo à tela, vendo o painel de dados, e ele presta atenção na câmera de vigilância mais próxima. O policial consegue ver a imagem e imediatamente reconhecer o problema. O sistema descobre o carro de radiopatrulha mais próximo — que geralmente está a cerca de um minuto de distância de qualquer local da cidade. Ao ligar a sirene do carro, os policiais conseguem ter um impacto quase imediato na possível cena do crime. Os assaltantes dispersam-se ao invés de executar o crime.

Quando o sistema de East Orange deu à polícia dois segundos de vantagem, a tecnologia permitiu que Cordero incorporasse um novo tipo de filosofia no departamento. A medida do sucesso de um bom departamento de polícia não está em quantos bandidos são presos, afirmava Cordero — está na ausência de crime. "O verdadeiro trabalho da polícia é ter impacto suficiente para que possa usar as algemas menos vezes, não o contrário", disse ele.

E Cordero levou a filosofia um pouco mais além: ele quis que a polícia de East Orange usasse a tecnologia preditiva para entrar nas mentes dos criminosos, membros de gangues e adolescentes rebeldes e os assustasse. O sistema poderia reconhecer um padrão e alertar um policial para ir até o quarteirão onde o ladrão de carros estivesse prestes a roubar um veículo. Ou o sistema poderia enviar um carro de radiopatrulha para cruzar um terreno baldio onde uma venda de drogas estivesse para acontecer. Os bandidos se sentiriam como se a polícia estivesse especificamente atrás *deles*. Quando a polícia efetuava prisões graças à tecnologia, os policiais certificavam-se de mostrar aos suspeitos o quanto a tecnologia havia ajudado a localizá-los, sabendo que esses suspeitos contariam isso aos outros criminosos. Cordero queria que o boato sobre os dois segundos de vantagem da polícia se espalhasse. Queria que todos os criminosos da cidade achassem que a qualquer momento a polícia poderia saber exatamente o que eles estavam planejando. A tecnologia permitiu que o departamento de polícia de East Orange fosse transformado para se concentrar em enlouquecer os possíveis criminosos — o que, com efeito, provavelmente fez com que muitos deles saíssem da cidade.

Disse Cordero: "No começo foi difícil convencer os policiais. Mas quando as coisas começaram a acontecer, eles passaram a acreditar". A comunidade também aderiu à ideia. A criminalidade era tão alta que os cidadãos estavam dispostos a abrir mão de parte de sua privacidade em troca de uma cidade mais segura. O departamento também tentou proteger a privacidade no sistema.

East Orange não é de forma alguma o único departamento de polícia a utilizar o policiamento preditivo. Memphis, Los Angeles e outras cidades grandes estão investindo em sistemas preditivos, e a questão de até que ponto os sistemas funcionam tornou-se um tema recorrente nos círculos de justiça penal. As universidades estão desempenhando papéis importantes, estudando a antropologia do crime e usando-a para ajudar a construir modelos de software que possam oferecer dois segundos de vantagem. Jeff Brantingham, antropólogo da University of Califórnia, em Los Angeles, afirmou ao *Los Angeles Times:* "As pessoas que são contra querem que acreditemos que os seres humanos são complexos e casuais demais — que esse tipo de matemática não pode ser feito. Contudo, os seres humanos não são tão casuais como pensamos. De certa forma, o crime é apenas um processo físico, e se for possível explicar como os criminosos se movimentam e se misturam com suas vítimas, dá para compreender muita coisa."[77]

Até agora, East Orange parece mostrar que o modelo preditivo funciona. Todavia, a cidade também tem provado alguns outros pontos importantes. Um deles é o valor das previsões rápidas, feitas a curto prazo e com precisão, ao modo de Gretzky, sobre crimes que podem ocorrer dentro de apenas alguns minutos, comparado com se valer da exploração de dados para prever os padrões com semanas ou meses de antecedência. A outra questão é que os dois segundos de vantagem não têm a ver apenas com tecnologia — é toda uma mudança de mentalidade de uma organização. A polícia de East Orange tornou-se muito mais eficaz quando parou de ver os criminosos como pessoas a serem presas e passou a vê-los como pessoas a influenciar.

O sistema de East Orange está longe de ser perfeito. A tecnologia dos dois segundos de vantagem ainda é nova, e qualquer empresa ou entidade governamental que adira a este tipo de tecnologia pode ser chamada de pioneira. A computação em tempo real e a análise preditiva ainda precisam evoluir muito para antecipar resultados com base em acontecimentos, mas a próxima iteração — o talento semelhante ao do cérebro — ainda está em estado primitivo, surgindo e evoluindo agora mesmo. Conforme veremos, há uma série de empresas e uma grande variedade de segmentos que estão começando a aplicar os primeiros sistemas de dois segundos de vantagem. Da mesma forma que em East Orange, esses sistemas foram desenvolvidos porque os dirigentes pensaram nos dados e na empresa de uma forma nova.

O conceito de organizações preditivas tem evoluído há uma década. Em 2002, Kemal Delic e Umeshwar Dayal — dois cientistas da Hewlett-Packard — publicaram uma pesquisa influente, "The Rise of the Intelligent Enterprise"[78]. Eles argumentaram que as empresas do futuro irão se parecer cada vez mais com sistemas orgânicos nascidos da forma natural, com capacidade de sentir, aprender e se desenvolver. Delic e Dayal defendem a tese de que as empresas de hoje existem em um ambiente competitivo e em constante evolução, no qual o objetivo básico é prosperar e resistir — basicamente o mesmo objetivo de um ser vivo. Em última análise, as empresas mais prósperas desenvolverão um senso de conscientização elevado e uma capacidade de aprender e adaptar-se — e com o tempo elas desenvolverão predição e talento semelhantes ao do cérebro. Uma empresa inteligente responderá como um ser vivo, não como uma burocracia gigantesca.

As ideias sobre inteligência artificial (IA) em máquinas já existem há algum tempo. Em 1950, o matemático inglês Alan Turing publicou um estudo histórico que afirma ser possível criar máquinas com inteligência verdadeira. Ele descreveu o teste de Turing, famoso hoje em dia: se uma máquina conseguisse ter uma conversa com um ser humano — por palavras digitadas ou qualquer outro veículo — de modo que o ser humano não soubesse que era uma máquina do outro lado, então a máquina seria "inteligente". Desde esse estudo, nenhuma máquina passou no teste, entretanto, superar o Teste de Turing continua a ser um objetivo na IA.

Ao longo das décadas, a fascinação e os investimentos em IA alternaram períodos de aumento e declínio. Em 1970, Marvin Minsky, famoso cientista do MIT, contou à revista *Life*: "Dentro de três a oito anos, teremos uma máquina com inteligência geral de um ser humano padrão; quero dizer com isso que uma máquina será capaz de ler Shakespeare, encerar um carro, executar a política do escritório, contar piadas e brigar. Nesse ponto, a máquina começará a se instruir com enorme velocidade. Em alguns meses, ela estará no mesmo nível de um gênio, e alguns meses depois seus poderes serão incalculáveis." Claro que isso não aconteceu, e quase quatro décadas depois, Minsky disse a um repórter: "Oh, aquela citação da *Life* foi invenção. Pode-se dizer que foi uma piada." Muita gente não considerou a citação uma piada na década de 1970.[79]

Na década de 1980, a IA concentrou-se mais nos "sistemas especialistas" — funções computadorizadas limitadas que poderiam ter conhecimento semelhante ao conhecimento humano. Os sistemas muitas vezes foram programados para tentar pegar o conhecimento dos especialistas e decompô-lo em regras do tipo "se é isso, então é aquilo", que poderiam ser calculadas em alta velocidade por computadores. Achava-se que os sistemas especialistas poderiam capturar o conhecimento de, por exemplo, um mestre cervejeiro ou uma recepcionista ao atender telefonemas. Os sistemas especialistas assombram-nos hoje em dia na forma de sistemas de resposta por voz automatizados que ouvimos, quando ligamos para telefones de ajuda do serviço de atendimento ao cliente. Esses sistemas de centrais de atendimento fizeram milhões de pessoas odiar a IA.

No entanto, o caminho rumo aos sistemas especialistas levaram ao uso bem-sucedido da IA de formas muito específicas. A tecnologia por trás dos sistemas de piloto automático nos aviões de passageiros é IA. É a inteligência que diz a um aspirador de pó Roomba como se movimentar em um cômodo. Os freios antibloqueio (ABS) de rodas em um carro são basicamente um minúsculo processador de inteligência artificial que mede a pressão nos freios e a rotação dos pneus, assumindo o controle do sistema de freios por um instante. De várias maneiras, a IA vem se transformando na tecnologia diária que auxilia e fortalece os seres humanos, mas não tem pretensão de ser um deles.

Em nível mais alto, um dos sistemas especialistas mais famosos é o Deep Blue, o computador da IBM que joga xadrez e derrotou o campeão mundial Garry Kasparov em um jogo no estilo de torneio em 1997. O Deep Blue foi programado com conhecimento de xadrez especializado, no entanto, o segredo do seu sucesso foi a abordagem por força bruta do problema. O computador compacto — o 259° supercomputador mais potente na época — conseguia avaliar 200 milhões de possíveis movimentos por segundo. O Deep Blue funcionava porque o xadrez pode ser definido de maneira restrita, e a máquina conseguia concentrar toda a sua capacidade de processamento em um conjunto de regras relativamente pequeno. O Deep Blue não era talentoso. Ele não conseguia aprender e em seguida aplicar esse aprendizado ou ser criativo. Entretanto, conseguiu fazer algo interessante: em um jogo, avaliou a probabilidade do que poderia acontecer seis ou oito movimentos à frente, baseado em qualquer movimento que Kasparov tivesse acabado de fazer. A máquina começou a ser preditiva, apesar de um supercomputador e uma programação complexa serem necessários para isso acontecer. O Deep Blue mostrou que em uma tarefa definida de maneira restrita, a máquina conseguia entender os acontecimentos e fazer previsões de curto prazo altamente precisas de maneira bem semelhante a uma pessoa talentosa. De fato, o Deep Blue era muito bom nisso a ponto de obter dois segundos de vantagem sobre o jogador de xadrez mais talentoso do mundo.

As lições da inteligência artificial indicam que o talento preditivo primeiro aparecerá em sistemas que são definidos de maneira restrita. Em seguida, irá se espalhar e assumir tarefas mais complexas. Conforme o talento preditivo se desenvolva em sistemas, os sistemas talentosos irão mudar a forma como os administradores pensam sobre as informações e as empresas. Veremos o surgimento de empresas preditivas inteiras que respondem aos acontecimentos com os dois segundos de vantagem dos seres humanos talentosos — exatamente como Delic e Dayal previram.

E, sem dúvida, tudo isso acontecerá de forma desordenada, caótica e com interrupções — porque é dessa forma que esses tipos de mudanças sempre acontecem.

Os sistemas preditivos e talentosos serão construídos em torno da ideia de que um pouco de informações certas com um tanto de antecedência pode ser mais importante que um carregamento de informações que venham depois. Deparamo-nos com várias empresas de uma série de setores de atividade que estão trabalhando nisso.

O VINHEDO TALENTOSO

Estão presentes um milhão de variáveis em uma garrafa de vinho, mas nada é mais influente que a quantidade de água nas videiras da vinícola. Ainda assim, a maior parte das coisas que a maioria dos vinicultores faz no que se refere à administração e distribuição da água baseia-se em adivinhação ou em um banco de dados de tempo e padrões de água do passado que podem — ou não — prever padrões futuros.

A Fruition Sciences, fundada em 2007 e com sede na Califórnia e na França, coloca os sensores diretamente nas videiras. Os sensores podem dizer ao gerente do vinhedo exatamente quando a planta está com sede e a quantidade de água que ela precisa. Os dados dos sensores abastecem um software que consegue prever o quão doces as uvas do vinicultor serão na época da colheita — um fator crucial para determinar o gosto e o conteúdo de álcool que o vinho terá. O sistema reage a acontecimentos como tempo e níveis de água nas videiras, dando aos vinicultores um pouco de entendimento preditivo para que possam fazer ajustes e colher as uvas que farão o melhor vinho. A Fruition está, de certa forma, tentando reproduzir o talento instintivo de um grande vinicultor, ao mesmo tempo em que acrescenta a capacidade de medir os níveis de água dentro das videiras. Essa é uma tarefa difícil até mesmo para um grande vinicultor.

Os fundadores da Fruition são formados em vinho e tecnologia. Thibaut Scholasch era um vinicultor que via a necessidade de uma forma melhor de administrar a água no vinhedo. Ele obteve seu mestrado em Viticultura e Enologia em 1997, e em Vinicultura em 1998, viajando o mundo para aprender mais sobre seu ofício. Disse: "Verifiquei o mesmo problema em todos os lugares: irrigação. A irrigação representava um grande problema na Tasmânia, em Victoria, na Argentina, no Chile. Nos EUA, fui contratado por Robert Mondavi. Em vez de tornar-me vinicultor, mudei de área para trabalhar a forma como os processos de irrigação poderiam ser gerenciados na vinicultura."[80]

Sébastien Payen começou como engenheiro mecânico interessado em biotecnologia e no uso de sensores. Formou-se em Engenharia na França, serviu um ano na marinha francesa como oficial de convés em um navio caçador de minas, e em seguida fez mestrado e doutorado em Engenharia Mecânica na University of California, em Berkeley. Como parte de seu trabalho, obteve patentes para seu projeto de microbiosensores que conseguem detectar mudanças no pH utilizando plásticos e polímeros. Uma empresa francesa de telecomunicações e o estado da Califórnia deram a ele uma subvenção para estudar como usar sensores em vinhedos.

Os vinhedos têm empregado sensores, mas não para monitorar as plantas em si. Eles são colocados no solo e configurados para recolher dados sobre o clima. Disse Scholasch: "As vinícolas estão totalmente cheias de sensores em todos os níveis do processo: temperatura, contagem de levedo, umidade relativa no barril em envelhecimento, níveis de oxigênio, tudo isso é muito bem controlado. É como se a tecnologia parasse nos portões das vinícolas e não se expandisse para os vinhedos."

Ele ainda afirma: "Por conta da mudança do clima e do aquecimento global, as pessoas observaram que o nível de álcool estava aumentando. Devido ao fato da fruta estar perdendo água, o açúcar ficou mais concentrado, e, então, mais álcool concentra-se no vinho final." Para compensar, os vinicultores estavam irrigando no começo da estação, mas "qualquer tipo de planta que tem um abastecimento de água muito grande logo no início da estação não sente necessidade de começar a amadurecer", disse Scholasch. Isso tornou a fruta muito picante depois. A falta de amadurecimento, diz ele, levou a "sabores 'verdes' na fruta na época da colheita".

Eles começaram a vender seu sistema em 2008, para cinco vinhedos luxuosos que ajudaram a patrocinar a pesquisa de Scholasch (os vinhedos foram os seguintes: Harlan Estate, Ridge Vineyards, Dana Estates, Ovid Vineyards e Spottswoode Estates Vineyard and Winery). No ano seguinte, o número de vinhedos dobrou, e dobrou mais uma vez no ano seguinte, conforme foram se tornando mais conhecidos.

O próximo passo para a empresa privada é usar os dados recolhidos para tornar o modelo mais preditivo. A empresa está começando com projeções do tempo cada vez mais exatas e localizadas, reunindo os dados locais e fazendo algoritmos que conseguem fornecer previsões mais acuradas sobre quais níveis de água os vinicultores necessitam manter para obter um equilíbrio preciso de açúcares em suas uvas. Ter esses tipos de informações apenas um pouco antes irá dar aos vinicultores tempo suficiente para agir com um grau de precisão superior ao das previsões de longo prazo baseadas em dados do passado. Um modelo preditivo realmente bom provavelmente está "por vir em alguns anos", disse-nos Scholasch. Todavia, já está afetando a forma como as vinícolas gerenciam suas uvas e a água.

O FIM DOS ENGARRAFAMENTOS

Na maioria das grandes cidades, as pessoas, antes de sair de casa de manhã, podem olhar para um mapa online ou espiar as câmeras de trânsito e ter uma ideia sobre o tráfego. Aplicativos de smartphones com GPS mostram como está o trânsito nas estradas enquanto a pessoa dirige. Mesmo assim, nada disso de fato resolve o problema do trânsito. Isso não ajuda os motoristas a saberem, por exemplo, se uma estrada a 32 quilômetros de distância estará bloqueada quando eles chegarem lá ou se um caminho alternativo vai demorar mais ou menos. Na melhor das hipóteses, os sistemas de trânsito apenas entendem o que está acontecendo agora mesmo ou conseguem supor como o trânsito estará em determinado local em determinado dia com base em dados passados. Os sistemas terão muito mais dificuldade em reagir a acontecimentos em tempo real ao fazer previsões altamente precisas e verdadeiramente úteis sobre o que irá acontecer daqui a um instante.

Bryan Mistele estava na Microsoft quando começou a se dar conta de que a tecnologia de trânsito poderia ser preditiva. Entrou na empresa em 1994 após obter o grau de bacharel em Engenharia da

Computação pela University of Michigan, cursar MBA em Harvard e ter posteriormente trabalhado na Ford. Mitele iniciou o site de finanças pessoais do MSN, em seguida desenvolveu um site de imóveis que a Microsoft vendeu à Fannie Mae. Posteriormente, desenvolveu um sistema de computação automotiva, que se tornou o Ford SYNC. "Foi quando comecei a ver o que estava acontecendo com a distribuição de dados dinâmicos para os carros", disse-nos Mistele.[81]

O Microsoft Research — laboratório de pesquisa e desenvolvimento com um orçamento anual de $6 bilhões — gastou $10 milhões no desenvolvimento da tecnologia de previsão de tráfego que a Microsoft não sabia como aplicar. Então, Mistele conseguiu apoio da Microsoft e de alguns empresários, licenciou a tecnologia de tráfego da empresa e lançou a INRIX em 2004. A tecnologia da empresa usa dados do passado para construir um modelo de trânsito em determinada cidade. A equipe de Mistele também abastece o banco de dados com ingredientes que afetam o trânsito, incluindo horários de escolas, planos de construção, eventos programados como competições esportivas ou festivais, e dados sobre o tempo. Tudo isso deve ajudar o sistema a entender que em um dia escolar, quando há um jogo de beisebol à tarde e um aviso de tempestade com trovoadas, determinadas estradas provavelmente irão virar um pesadelo.

Contudo, essa é uma suposição generalizada, não uma previsão precisa com dois segundos de antecedência. A INRIX precisava monitorar em tempo real. Um dispositivo de GPS no carro ou caminhão pode remeter anonimamente fluxos de informações sobre onde aquele veículo está e a qual velocidade se desloca. A INRIX assinou acordos para obter essas informações de 1,5 milhão de caminhões, caminhonetes de entrega e outros veículos de frota equipados com GPS. A empresa também oferece um aplicativo móvel para iPhones e telefones com sistema operacional Android. Qualquer pessoa que baixa o aplicativo obtém as informações de trânsito da INRIX enquanto o telefone envia à INRIX sua localização e velocidade — anonimamente, para que nenhuma pessoa seja rastreada.

Ao verificar o que está acontecendo o tempo todo e processar as informações através de um modelo de como o trânsito funciona em uma região, a INRIX consegue ver onde qualquer motorista está no momento, antecipar para onde ele está indo e estimar a essa pessoa quanto tempo vai demorar para chegar lá. Se, digamos, acontecer um acidente mais à frente, a INRIX constatará uma diminuição na velocidade do tráfego e avisará o motorista — ajudando a pessoa a achar um caminho melhor, tudo de maneira dinâmica.

Em 2010, a INRIX estava, privativamente, fornecendo esses tipos de informações preditivas do trânsito para nove dos dez maiores fabricantes de dispositivos de navegação de GPS e para a maioria das cidades que usa sinais eletrônicos nas rodovias para fornecer atualizações aos motoristas. Todavia, o sistema INRIX ainda não é tudo que poderia ser. A tecnologia preditiva ainda não foi longe o bastante. Precisamos de algumas das habilidades do cérebro de Gretzky entrando nas unidades de GPS em nossos carros ou bolsos — uma tecnologia que consiga ver os acontecimentos de maneira constante, transmitir essas informações através de um modelo preditivo construído com base em memórias de antigos padrões e sempre procurar o melhor movimento futuro. Precisamos de um sistema que possa ver se um engarrafamento vai ocorrer, 15 minutos antes que ele de fato aconteça, e nos ensinar a contorná-lo. No entanto, ainda que isso não esteja ocorrendo, a tecnologia está caminhando nessa direção. E a INRIX não é a única envolvida nessa transformação. Cidades como Singapura e Estocolmo implementaram sistemas que monitoram o trânsito, para que possam ser cobrados pedágios por dirigir nas ruas da cidade durante os horários de pico. Esses sistemas também recolhem grandes quantidades de dados do trânsito e os usam através do software de analítica preditiva.

De uma forma ou de outra, com o tempo, a sociedade vai se beneficiar em ter todos os veículos com um dispositivo de GPS carregado com o "talento" de um taxista experiente da cidade que conheça de cor os padrões do trânsito local. Se todos os carros tivessem habilidades preditivas do trânsito, as cidades teriam menos engarrafamentos, economizando bilhões de horas de tempo desperdiçado todos os anos.

POR QUE NADA NUNCA DEVERIA QUEBRAR

Um avião de passageiros que ia de Londres a Nova York teve um problema quase indetectável. No fundo do motor, uma lâmina do ventilador havia desenvolvido uma fenda microscópica. Nenhum alarme soou para avisar os pilotos de que o avião estava com problemas. Tecnicamente, a peça não estava quebrada. Ela estava funcionando perfeitamente. Porém, estava prestes a quebrar. Se tivesse de fato quebrado, poderia ter parado o motor ou até derrubado o avião.

Os motores de jatos são monitorados constantemente por sensores de temperatura e de vibração, medidores de tensão e outros equipamentos. Esse avião em particular transmitia todos aqueles dados dos sensores por meio de um software de uma empresa de Chicago chamada SmartSignal (Em janeiro de 2011, a SmartSignal foi comprada pela General Electric.). Usando dados do passado, o software aprende como será o funcionamento normal do motor e então o sistema vigia o fluxo de dados em tempo real, para verificar variações que indicam problemas. Um ser humano que observasse o relatório de todos os dados teria problemas em ver qualquer coisa errada. "Isso pareceria apenas como muito barulho", de acordo com Mike Campbell, membro da diretoria da SmartSignal. Todavia, o software consegue ler os dados e fazer uma previsão: que o ventilador do motor vai rachar se não for substituído.[82]

Os pilotos que saíram de Londres aterrissaram em Nova York e levaram o avião para manutenção. As equipes de manutenção que inspecionaram o motor inicialmente não viram problema algum, mas depois de algum tempo acharam o defeito na peça.

"Um motor de jato é o sistema mecânico mais bem entendido projetado até hoje", afirma Gary Conkright, fundador da SmartSignal. Isso tornou os motores de jatos um campo de testes perfeito para a tecnologia dos dois segundos de vantagem. O software da SmartSignal consegue usar dados para informar um modelo de software eficiente de como um motor de jato em bom estado deve funcionar. O modelo pode, então, vigiar os dados recebidos em tempo real, diagnosticar o motor enquanto funciona e prever defeitos antes que eles aconteçam. A tecnologia significa que nenhum motor de jato jamais deveria quebrar.[83]

De fato, a SmartSignal está levando a ideia a outras áreas. Disse-nos o diretor-executivo da SmartSignal, Jim Gagnard: "A maior parte da inteligência está olhando no espelho retrovisor. Você está obtendo dados e se perguntando, 'O que deu errado?' Você está tentando entender como não fazer isso de novo. Não há nada de errado nisso, todavia, tentamos fazer o cliente olhar pelo vidro da frente e ver o que está vindo, em vez de tentar entender o que aconteceu."

A SmartSignal consegue localizar problemas até seis semanas antes de acontecerem. Geralmente esses são exemplos normais de desgaste que podem ser resolvidos com manutenção, permitindo que as empresas planejem interrupções, ao invés de precisar tirar uma unidade de operação sem aviso prévio.

A tecnologia tem suas raízes no Laboratório Nacional Argonne, que é dirigido em parte pela University of Chicago. "Argonne tem um reator regenerador leve em Idaho", explicou Conkright. No começo da década de 1990, apesar de toda a instrumentação avançada e de pessoas inteligentes administrarem a usina, diz ele: "Durante um teste aconteceu o que eles classificaram como um desastre. Uma bomba d'água de alimentação do tamanho de um carro da Volkswagen falhou de maneira catastrófica. Poderia ter sido um desastre da escala da Three Mile Island. A Comissão Regulatória Nuclear os repreendeu com dureza."

O laboratório deu-se conta de que precisava encontrar uma forma de certificar-se de que o reator nunca mais chegaria perto de quebrar de novo. "Eles descobriram que sua instrumentação tinha arquivos (de dados), e deram-se conta de que, se soubessem o que estavam procurando, poderiam ter achado o problema nos dados", disse Conkright. O laboratório construiu e patenteou um software para fazer isso, finalmente estabelecendo a SmartSignal como empresa.

Mais recentemente, a SmartSignal mudou seu foco de motores de jatos para os setores de energia, petróleo e gás. As empresas de geração de energia geralmente têm várias instalações que são construídas de maneira diferente e funcionam sob condições diferentes. As empresas costumavam administrar cada instalação individualmente. Contudo, nos últimos anos, as empresas de energia começaram a achar que poderiam aprender a partir dos dados sobre suas instalações para impedir que elas quebrassem. A Entergy, que fornece energia a 2,7 milhões de pessoas em Louisiana, Texas, Arkansas e Mississipi, utiliza a SmartSignal para inspecionar três unidades de geração de energia diferentes. "Em seis anos, eles tiveram mil incidentes diferentes que eles mesmos detectaram, e todos poderiam ter ocasionado muitos problemas", disse Gagnard. Um desses foi substancial: o software da SmartSignal mostrou que as coisas não estavam muito normais em um turbogerador de vapor de 411 megawatts na usina de energia nuclear Waterford da Entergy na Louisiana, construída 33 anos antes. O rotor de um gerador de 20 toneladas estava rachado, algo que nenhum ser humano teria detectado. Se tivesse quebrado, pedaços do gerador teriam voado pela usina em alta velocidade. O conserto custou $5 milhões. Caso não tivesse sido descoberto, teria custado $30 milhões, além dos possíveis ferimentos ou mortes.

O próximo nível de tecnologia para a SmartSignal será o que a empresa chama de "prognóstico" — a capacidade de dizer, com grande confiança, não apenas o que irá acontecer e por que, mas também quando irá acontecer. Em outras palavras, é bem semelhante ao conceito de dois segundos de vantagem. De acordo com Joseph Dupree, vice-presidente de marketing: "Temos estudado 200 milhões de horas de execução de dados de equipamentos para construir nossa base de conhecimento. Para continuar a melhorar o prognóstico, queremos continuar a capturar os dados e o que de fato acontece, para alimentar esse fluxo de conhecimento e inteligência. A indústria de geração de energia tem sensores em seus equipamentos há algumas décadas. Agora, os sensores estão ficando melhores e mais prolíficos, e aqueles dados estão aqui, prontos para serem explorados e colocados em algoritmos que possam localizar essas assinaturas de falhas."[84]

Tecnologias semelhantes à da SmartSignal irão se espalhar para outros sistemas, de carros a sistemas de aquecimento doméstico e estrutura de pontes. "A verdadeira barreira é que nem tudo que pode ser monitorado é de fato monitorado", disse Campbell, da diretoria. No entanto, isso está mudando rapidamente. E conforme acontece, os dois segundos de vantagem irão erradicar a frase: "Se não está quebrado, não conserte." A nova versão será mais ou menos assim: "Conserte antes de saber que vai quebrar."

Conforme a polícia de East Orange descobriu, implementar os sistemas de dois segundos de vantagem é uma conquista. Repensar a organização e torná-la uma empresa talentosa leva a ideia a um nível totalmente diferente. Poucas empresas foram mais longe que a Caesars Entertainment, que até novembro de 2010 era conhecida como Harrah's Entertainment.

Da mesma forma que o Departamento de Polícia de East Orange, a Harrah's tinha a vantagem da crise para ajudar a convencer a organização a adotar uma nova forma de pensar. Em 1998, a Harrah's contratou um novo diretor de operações, Gary Loveman, que foi professor na Harvard Business School e trabalhou durante dois anos no Banco de Reserva Federal de Boston. A empresa há muito tempo fazia negócios de forma bem semelhante a todas as outras empresas do ramo. Todavia, outras empresas de apostas, especialmente em Las Vegas, estavam construindo palácios opulentos e afastando os clientes da Harrah's. "Tivemos de competir com o tipo de lugar que Deus construiria se tivesse dinheiro", disse Loveman a um repórter. A Harrah's não tinha capital para competir dessa forma, mas tinha outra coisa valiosa quando Loveman chegou: muitos e muitos dados.[85]

A Harrah's oferece um cartão de fidelidade, chamado Total Reward, que foi introduzido em 1997. Os clientes usam o cartão sempre que jogam, compram refeições ou fazem quase qualquer coisa na propriedade da Harrah's, e em compensação recebem pontos que podem ser trocados por recompensas como, por exemplo, uma refeição grátis. Os cartões registram os eventos de todos os clientes e colocam as informações em um banco de dados. Quando Loveman foi contratado, herdou o que era o princípio de um grande banco de dados de preferências e ações de clientes. Ele fez com que sua equipe analisasse os dados para saber o que fazia os clientes felizes ou infelizes, e quais recompensas eles apreciavam. Ele queria saber quais clientes eram mais importantes. A Harrah's descobriu muitas coisas inesperadas, como o fato de que ganha mais dinheiro com jogadores idosos em máquinas caça-níqueis que com qualquer outro tipo de cliente no cassino — até mesmo os cassinos "baleia", vertiginosos, gastam tradicionalmente fortunas para atrair os clientes. Loveman disse à *Bloomberg BusinessWeek:* "O aficionado de máquinas caça-níqueis era o cliente esquecido. Posso levar você a um cassino com muitas pessoas jovens e bonitas e você diria: 'Nossa! É aqui onde as coisas acontecem.' Posso levar você a outro lugar onde há muitas pessoas parecidas com seus pais. Esse último lugar é muito mais lucrativo que o primeiro. Meu trabalho é promover este último."[86]

Os dados mostraram que certos clientes têm determinados limites de prejuízos, e é quando as coisas chegam nesse ponto que se levantam e vão embora do cassino. Como o Sam's Club, a Harrah's descobriu que poderia construir modelos de membros individuais, sabendo, talvez, que Joe Schmo gosta de trazer sua família de quatro pessoas e hospedar-se em um hotel. Ele gosta de jogar dados e, se perde $300, vai embora do cassino, provavelmente desapontado. Se ele ganha algum dinheiro ou perde menos de $300, leva a família para jantar no restaurante do cassino e termina a noite levando-os a um show de mágica no cassino — provavelmente sentindo-se feliz. Desde que Joe continue usando seu cartão Total Rewards, o cassino consegue rastrear o que ele está fazendo em tempo real.

Esses tipos de dados permitiram à Harrah's obter a tecnologia de dois segundos de vantagem. Quando Joe se senta na mesa de dados, tudo acontece tão rápido que não é possível monitorar constantemente suas atitudes por meio de um enorme banco de dados de tendências e preferências. Em lugar disso, o sistema constrói um pequeno modelo de Joe — passa a conhecê-lo, como um proprietário atencioso conheceria os clientes em um minúsculo cassino antigo. O modelo sabe muita coisa sobre os clientes em geral com base no banco de dados, mas o conhecimento fica organizado em alguns padrões reconhecíveis imediatamente, enquanto a grande maioria dos dados fica presa no fundo. O modelo sabe de determinadas tendências e preferências de Joe, e vigia os gatilhos. Então, digamos que Joe teve um prejuízo de $250 e o próximo jogo de dados pode fazer seu prejuízo chegar a $300 — um valor que geralmente faz com que ele desista. O sistema rapidamente reconhece o que está acontecendo e alerta o funcionário do serviço de atendimento ao cliente no cassino. O sistema sabe que Joe muitas vezes leva a família ao show de mágica. Também sabe — a partir do monitoramento de toda a atividade comercial do prédio — que há vários lugares vagos para o show daquela noite. Então, o sistema pede para o funcionário se aproximar de Joe e oferecer a ele quatro ingressos para o show. Joe pode nunca saber por que ele conseguiu os ingressos. Contudo, como está prestes a ir embora insatisfeito, tem motivos para ficar e se divertir mais — talvez até perder mais — e gostar do Harrah's.[87]

O sistema vê acontecimentos em tempo real e consegue fazer previsões precisas a curto prazo sobre o que vai acontecer e quais providências tomar. A Caesars Entertainment ainda considera ser muito importante explorar bancos de dados para descobrir grandes tendências, entretanto, o sistema de dois segundos de vantagem tem tudo a ver com fazer pequenas previsões intuitivas com pouco tempo de antecedência com base em acontecimentos imediatos. Uma abordagem de exploração de dados é como um técnico de hóquei estudar o vídeo de outros times para descobrir tendências gerais a explorar. A abordagem dos dois segundos de vantagem é como Gretzky ao antecipar os acontecimentos durante o jogo e ir até o disco antes que qualquer outra pessoa saiba o que está acontecendo.

Quando Loveman colocou esse sistema em funcionamento, resolveu mudar a empresa para que ela reagisse às atividades do cliente mais como um proprietário talentoso e menos como uma grande empresa de apostas. Loveman disse: "Se você irá fazer isso, tem de ser algo que irá realmente mudar comportamentos. Algumas empresas não conseguem atravessar esse limite." Enquanto outros cassinos gastam muito dinheiro com luxo, a Caesars Entertainment investiu em tecnologia da informação. Os incentivos foram alterados. Os funcionários e executivos, que há muito tempo eram recompensados com base no desempenho financeiro, foram informados de que teriam bônus com base na satisfação do cliente. As políticas da empresa também tiveram que mudar. As propriedades da Caesars há muito tempo ofereciam acordos e incentivos padrões para determinadas classificações de clientes. Isso foi alterado para que as recompensas pudessem ser individualizadas.

A estratégia baseada em tecnologia transformou a empresa de uma perdedora no jogo para uma grande jogadora. Loveman tornou-se diretor-executivo em 2003 e construiu a empresa a partir do que era a Harrah's — um operador regional de 15 cassinos — para a Caesars Entertainment, operadora de 39 cassinos nos Estados Unidos e 13 fora do país. No ano de 2011, a empresa era proprietária das marcas Harrah's, Caesars Pallace, Bally's e Planet Hollywood. No ano de 2008, as firmas de participação privada

Apollo Management e TPG Capital capitalizaram a Harrah's, e o patrimônio da empresa está avaliado em mais de $7 bilhões, após uma grande contenção nos gastos dos consumidores após a crise financeira, versus $3 bilhões em 2000, quando os consumidores estavam gastando como loucos. Os anos de 2008 a 2010 foram difíceis para os cassinos e Las Vegas, mas a iniciativa da Caesars Entertainment em criar uma empresa preditiva e talentosa a ajudou muito.

Durante a maior parte de sua existência, as concessionárias de energia elétrica dos Estados Unidos foram administradas com base em previsões a longo prazo e expectativa de mudanças lentas. Uma empresa de energia elétrica gerava eletricidade e a mandava para as empresas e clientes residenciais, que a usavam em padrões bastante previsíveis — mais durante o dia que à noite; com aumentos consideráveis nos dias quentes de verão, quando os aparelhos de ar-condicionado estavam ligados.

No entanto, no século XXI muita coisa está mudando, impulsionada pela desregulamentação da indústria energética. Os limites entre uma concessionária e a rede elétrica ficaram nebulosos. Mais consumidores e empresas estão instalando painéis solares, que alteram algumas dinâmicas comuns, diminuindo a demanda de eletricidade nos dias de sol, entretanto, aumentando-a nos dias nublados. Nos dias longos e ensolarados de verão, os clientes podem até colocar eletricidade de volta na rede, e irão querer ser pagos por isso. Um crescimento repentino nos carros elétricos poderia mudar a demanda para as pessoas carregarem os carros à noite.

É isso que impulsiona tantos projetos de "redes elétricas inteligentes" nos Estados Unidos. As concessionárias precisam colocar algumas redes inteligentes em sua infraestrutura para recolher e enviar dados para que as empresas possam começar a entender as mudanças na demanda e como atendê-las. Isso significa colocar sensores na rede e medidores inteligentes em casas e empresas. Um medidor inteligente em casa pode medir constantemente o uso de eletricidade e mostrar as leituras e tendências em um site para cada proprietário. Dessa forma, este consegue tomar decisões mais acertadas sobre o uso da energia. As informações também são enviadas para as concessionárias, fornecendo-lhes bancos de dados repletos de informações que elas nunca tiveram antes.

Randy Huston, executivo da Xcel Energy, disse: "Então nós temos todos esses dados — agora, o que fazemos com isso? As informações são interessantes, mas não são eficazes até serem processadas e distribuídas."[88] A Xcel lidera um consórcio que está construindo a SmartGridCity em Boulder, Colorado, para tentar entender quais dados podem ter significado para uma concessionária e seus clientes. Parte do desafio é ver se a própria rede pode se tornar preditiva. A ideia é que o sistema aprenda sozinho sobre a demanda e depois se ajuste aos acontecimentos — seja uma linha derrubada por uma nevasca destrutiva ou uma quantidade incomum de aparelhos de ar-condicionado ligados durante uma onda de calor — e fazer os ajustes imediatamente. A Xcel afirma que a SmartGridCity "consegue monitorar de maneira proativa a saúde da rede, detectando panes antes que elas ocorram".[89] Não é fácil conseguir isso. Um desafio é que dezenas de milhares de medidores residenciais estão atualmente enviando informações de forma constante aos computadores da Xcel, ao passo que antigamente os medidores eram lidos apenas uma vez por mês. Os dados são úteis e impressionantes. Outro desafio interessante é tentar entender a velocidade com que a Xcel quer reagir em determinadas situações. Antes de implementar a tecnologia inteligente, podiam se passar 20 minutos entre o primeiro sinal de uma pane e a hora que a Xcel conseguia enviar um caminhão para consertá-la. Muitas vezes o problema se resolvia antes dos caminhões chegarem, disse Huston. Enviar os caminhões rápido demais poderia ser caro.

O projeto ainda está nos estágios iniciais, e a Xcel tem enfrentado um pouco de resistência dos consumidores devido à disparada dos preços. Todavia, a Xcel espera que a SmartGridCity seja um campo de provas para o futuro preditivo — um futuro em que a energia é economizada ao administrá-la melhor e ninguém nunca a tenha indisponível.

Em outra parte da indústria energética, a PJM Interconnection é uma organização de transmissão regional que administra a maior rede de eletricidade central enviada no mundo. Servindo às concessionárias que atendem cerca de 51 milhões de pessoas nos Estados Unidos, a PJM envia 164.905 megawatts de capacidade de geração através de pouco mais de 90.500 quilômetros de linhas de transmissão, e coordena a distribuição primária de eletricidade em todos ou em partes de 13 estados. Em outras palavras, panes imprevistas podem ter consequências sérias, até mesmo desastrosas.

Até pouco tempo atrás, quando um transformador da PJM dava defeito, os engenheiros e funcionários no centro de operações levavam no mínimo cinco minutos para identificar o problema. Nesses cinco minutos, a oscilação em outros transformadores poderia acarretar explosões que poderiam interromper o envio de energia para regiões inteiras. A melhor forma de evitar defeitos seria observar que eles estivessem para acontecer e tomar providências. A PJM investiu em um sistema que observa a atividade na rede e sempre sabe o que causa problemas. Ela constrói um modelo que começa a ficar preditivo — ele sabe que se determinada estação fica sobrecarregada e exige trocas em locais próximos, um circuito do outro lado da cidade irá explodir, a não ser que a energia seja redirecionada antes que a demanda total aumente no meio da tarde. Dessa forma, o sistema adianta-se aos problemas e conserta-os antes de qualquer coisa acontecer. Isso não significa apenas ligar os pontos em uma rede de 13 estados, mas sim ver padrões, fazer previsões e tomar providências.[90]

Na gigantesca empresa de itens de consumo Procter & Gamble, a mudança para uma empresa preditiva e talentosa envolve "20% de problema de tecnologia e 80% de mudança cultural", disse Guy Peri, diretor de inteligência empresarial da P&G. A empresa é historicamente conservadora. "Os dados chegam, são analisados pelo diretor de marketing, em seguida pelo vice-presidente, depois pelos setores mais altos da empresa." A companhia, no passado, estava o mais distante possível do tempo real.[91]

No entanto, o especialista em tecnologia Bob McDonald, que se tornou diretor-executivo em 2009, e o diretor-executivo de informações Filippo Passerini estão implementando uma grande mudança. Peri disse: "Estamos estudando como fazer um elefante de $80 bilhões (em vendas anuais) ficar mais ágil e reativo como uma gazela de $5 bilhões. Estamos saindo das projeções do espelho retrovisor para as progressivas. Gostamos de dizer que estamos digitalizando das moléculas à prateleira. A P&G acha que se entendermos isso, teremos uma vantagem competitiva."

A P&G comercializa dúzias das marcas mais reconhecidas, incluindo Pampers, Tide, Mr.Clean, Pepto Bismol, Crest e Old Spice. Durante a maior parte da década de 2000, a P&G teve índices de crescimento de dois dígitos e comprou a Gillette em 2005 por $57 bilhões. Quase no final da década, o crescimento diminuiu como consequência da queda dos gastos dos consumidores após a crise financeira de 2007. Foi quando entrou McDonald, ex-aluno da West Point, que serviu como capitão do exército dos Estados Unidos antes de entrar na P&G em 1980. Ele tornou-se vice-presidente de operações globais em 2004 e executivo-chefe de operações em 2007. Conhecia a cultura da empresa muito bem para saber que a corporação tinha que mudar para se adaptar ao século XXI. O primeiro passo foi obter dados em tempo real dos varejistas em vez de relatórios muito posteriores ao fato. O passo seguinte abalou as estruturas da cultura da P&G: a empresa disponibilizou ao mesmo tempo os dados em um painel para os gerentes de escalão mais inferior na hierarquia e para os executivos de escalão superior. Os dados conseguem mostrar o desempenho das marcas praticamente em tempo real e fazer projeções da participação no mercado de cada marca em todo o mundo. Os gerentes de escalão mais inferior foram envolvidos para serem capazes de ver, filtrar e justificar esses resultados e, em seguida, transmiti-los para os escalões superiores da empresa. Hoje em dia, os funcionários de todos os níveis na P&G conseguem ver os dados ao mesmo tempo.

"Estamos impulsionando mudanças culturais conforme encorajamos o desenvolvimento das habilidades tecnológicas", disse Peri. As pessoas com cargos mais baixos na empresa podem, nessas situações, preocupar-se com a tecnologia, mas "queremos nos certificar de que ela seja vista como capacitadora. Estamos dando informações às pessoas para que possam tomar as melhores decisões", acrescentou Peri.

Quando a P&G direciona o fluxo de dados certo para as pessoas certas na hora certa, pode dar o próximo passo em direção aos dois segundos de vantagem — tornar a empresa preditiva. O software pode começar a aprender com os dados e entender quando, onde e como os produtos vendem. Então, a P&G consegue fazer mais do que apenas fornecer dados brutos aos funcionários — ela pode interagir com os acontecimentos e prever o que está por vir. Isso pode incluir saber qual produto enviar para determinadas cidades após uma nevasca ou entender que um homem que compra Tide e Pampers estará suscetível a uma oferta de desconto em Old Spice.

Peri disse: "Não iremos, basicamente, administrar nossa empresa no piloto automático. Queremos a melhor tecnologia com as melhores mentes — construir sistemas e dados pode ajudar a racionalizar a forma como administramos a empresa. Todo nosso modelo empresarial gira em torno de transformar esses mistérios (isto é, perguntas empresariais não resolvidas ou estruturadas) em códigos e algoritmos, liberando nossos recursos para se concentrarem no próximo mistério."

Um sistema preditivo e talentoso torna-se parte do esforço de uma equipe — não um substituto da equipe. A Procter & Gamble vê os dois segundos de vantagem como a estratégia da próxima geração.

As companhias aéreas com uma visão inovadora também estão se movendo rumo a sistemas preditivos impulsionados por acontecimentos. Hoje elas lutam para gerenciar montanhas de dados que chegam de várias fontes. Cada uma das centenas de aeronaves da companhia envia dados sobre seus motores, posição, velocidade e operações. A empresa monitora dados sobre o tempo em todo o mundo. Recebe atualizações constantes sobre compras de passagens e escolhas de assentos de seus sistemas de reservas. As operações no solo de cada aeroporto enviam dados sobre passageiros, bagagens, disponibilidade dos portões e operações de controle de tráfego aéreo. Ainda assim, as companhias aéreas não conseguem coordenar todos os dados para ter uma visão clara de um cliente individual. Uma companhia aérea não consegue, por exemplo, usar dados em tempo real para saber se você embarcou em um voo para Chicago, mas sua bagagem não está no avião e, automaticamente, enviar-lhe um e-mail ou mensagem de texto enquanto você ainda está no avião dizendo onde estão suas malas e quando elas serão entregues. E essa é a finalidade mais simples do espectro dos sistemas preditivos.

A Air France e a Southwest Airlines estão entre as companhias aéreas voltadas para a tecnologia de dois segundos de vantagem. A Air France está colocando em atividade um sistema que consegue rastrear o fluxo de passageiros entre todas as suas aeronaves e pontos de conexão, disse o diretor-executivo de informações, Edouard Odier, quando conversamos com ele. Em voos de longa duração, até 40% dos passageiros irão chegar ao aeroporto em outros voos e farão conexão para dar prosseguimento à rota. O sistema da Air France irá começar construindo modelos ágeis dos passageiros programados para esses voos de longa duração, e ver o que acontece nos voos de conexão desses passageiros. Odier disse: "Se há 400 passageiros no voo de longa duração e o sistema vê que três pessoas irão perder o voo, ele pode decidir que é melhor ir embora e fazer 400 pessoas chegarem a tempo e três serem deixadas para trás. Contudo, se 40 passageiros estão em conexões que estão operando com atraso e irão perder o voo, pode ser melhor esperar por eles." A ideia é que se o sistema ajuda a decidir deixar o voo decolar, ele saberá quem vai perder a conexão e automaticamente enviará um e-mail a elas com as informações da nova reserva.[92]

Jan Marshall, diretor-executivo de informações da Southwest Airlines, disse: "A solução para nossa empresa é menos dados, não mais. Queremos um sistema que seja quase inato." Sua equipe vem trabalhando no desenvolvimento de regras e lógica que se tornaram a intuição para atendentes, tripulação e outros funcionários operacionais da Southwest. O plano é inserir essas regras na tecnologia, de modo que se consiga observar todos os fluxos de dados da Southwest, organizando suas operações bem o bastante para ajudar a empresa a prevenir acontecimentos como tempestades ou problemas de manutenção do avião. O efeito dominó desses acontecimentos é extremamente complexo, ainda assim, não há tempo de analisar toneladas de dados para chegar a um plano eficiente. O sistema precisa ser capaz de transmitir dados sobre acontecimentos por meio de um modelo que consiga instintiva e rapidamente oferecer as melhores opções. Mais à frente, Marshall até idealiza um aplicativo para smartphones que seja parte desse sistema. O aplicativo conheceria as informações de voo do passageiro, e o telefone com GPS saberia onde o passageiro está e (se o passageiro consentir) deixaria a Southwest saber também. A empresa tomaria conhecimento, por exemplo, que o passageiro que deve pegar um voo marcado para decolar em 20 minutos já está no aeroporto e talvez no sistema de segurança — e pode optar por deixar a porta do avião aberta por mais alguns minutos para que o passageiro consiga embarcar.[93]

Os Estados Unidos são um país de imigrantes. As pessoas chegam ao país vindas de todos os cantos do mundo, em todos os tipos de situações imagináveis, no entanto, todos os imigrantes nos Estados Unidos nos últimos 30 anos compartilharam uma experiência comum: a frustração com os grandes atrasos, papelada confusa e agentes superatarefados que fazem parte da burocracia da imigração federal. Um ano após os ataques terroristas de 11 de setembro de 2001, o presidente George W. Bush criou o Departamento de Segurança Interna e reuniu toda a responsabilidade e funções de processamento dos imigrantes em uma nova agência chamada United States Citizenship and Immigration Services, USCIS (Serviço de Cidadania e Imigração dos Estados Unidos). Como presente de aniversário, a USCIS ganhou um acúmulo de 3,5 milhões de pedidos de cidadania ou residência. As informações sobre esses solicitantes estavam armazenadas em 23 sistemas de computador legados que, em sua maior parte, não conseguiam se comunicar.

Enquanto isso, sete milhões de pedidos novos chegavam todos os anos. A agência estava sob pressão o tempo todo para certificar-se de que mantinha possíveis terroristas fora do país. Longe de ter dois segundos de vantagem, pode-se dizer que a agência estava dois anos atrás.

Nos seus primeiros anos, a USCIS tentou consertar seu processo confuso e quase sempre falhou. O relatório do Departamento de Segurança Interna dos Estados Unidos de setembro de 2005 tem um título revelador: "A USCIS Enfrenta Desafios na Modernização da Tecnologia da Informação." O relatório especifica a bagunça tecnológica e a incapacidade de encarar os sistemas de informação da agência de forma nova. O relatório afirmou: "A USCIS utiliza informações múltiplas, discrepantes, que são difíceis de usar e não compartilham as informações de maneira adequada, acarretando problemas na integridade dos dados. Apesar das exigências federais, a USCIS não possui uma abordagem focada para melhorar os processos e sistemas usados para dar conta de sua missão de cidadania e imigração."[94]

Alguns anos depois, uma ideia nova começou a aparecer na USCIS, aos poucos foi ganhando força e se expandiu. A ideia era a seguinte: a maneira correta de consertar a situação complicada na área tecnológica não é uma reestruturação completa da tecnologia, mas sim uma reestruturação da forma como a USCIS pensa. Antes do final da década de 2000, as agências de imigração federais tinham uma abordagem centrada em formulários. Em outras palavras, tudo girava em torno de determinados formulários que os imigrantes tinham de preencher. Certa espécie de formulário ficava armazenada em um determinado banco de dados com um tipo de estrutura, enquanto outro formulário estava em outro banco de dados com outra estrutura (Alguns formulários nunca chegaram a ser digitalizados — eles simplesmente ficavam em caixas!). Os formulários não eram vinculados, ou não eram feitas referências cruzadas. Se um agente quisesse verificar a situação de um solicitante de imigração, teria de se conectar a sistemas diferentes para procurar formulários diferentes — ou em alguns casos literalmente colocar a cadeira em frente a outro terminal de computador. É claro que a abordagem centrada em formulários não dava mais certo.

Então, a USCIS aos poucos passou a ter uma cultura de abordagem centrada nas pessoas. Leslie Hope, diretora-executiva de informações na USCIS, disse: "Estamos em meio a uma grande transformação. Isso irá mudar tudo." Ao contrário do modo anterior, a abordagem centrada nas pessoas organiza os formulários em torno da pessoa. Existe até um nome para isso na USCIS: Inquirição Centrada na Pessoa ou ICP. A ideia, apesar de parecer óbvia, é criar um sistema que permita o agente acessar o nome do solicitante e ver todos os formulários e informações sobre aquela pessoa de todos os sistemas diferentes reunidos em uma tela única e fácil de navegar. "Em vez de seguir os arquivos de dados e papéis em todo o país, o novo sistema não apenas permite que centralizemos tudo isso em torno de uma pessoa, mas também incluirá a biométrica e quaisquer outros dados relacionados àquela pessoa, do começo ao fim", disse Hope.[95]

Como a USCIS está fazendo isso? Ela poderia reconfigurar e migrar todos os dados em todos os sistemas de informação diferentes em um único sistema novo, no entanto, esse método demoraria anos e provavelmente iria acarretar dados perdidos e erros. Em vez disso, a USCIS acrescentou um "bus software" — um programa que funciona como interface que barra os dados — entre os agentes humanos e os vários sistemas de computador envolvidos. O barramento age como tradutor e ajudante na coleta de dados. Quando um agente de imigração acessa o arquivo de um solicitante, o software de Inquirição Centrada na Pessoa envia pacotes de dados a 23 sistemas USCIS diferentes, retém os dados sobre aquele solicitante e reformata esses dados para que todos possam ser apresentados juntos. O agente pode, pela primeira vez, ver um perfil administrativo completo do solicitante, atualizado até o momento em que o agente está olhando para a tela. Os funcionários da USCIS podem assim começar a encarar seus trabalhos como uma função de servir às pessoas em lugar de servir aos formulários e à burocracia — e isso parece fazer uma diferença enorme. O comando da USCIS resumiu a nova abordagem da seguinte forma: "A USCIS dará o benefício certo à pessoa certa na hora certa, ao mesmo tempo em que assegura que a pessoa errada não tenha acesso aos benefícios da imigração."[96]

A mudança para a abordagem centrada na pessoa é um trabalho em curso e provavelmente não estará concluída até 2014, disse Hope. Contudo, a USCIS aposta que isso terá como resultado uma experiência melhor para os imigrantes e mais segurança contra as pessoas que o governo dos Estados Unidos não quer dentro de suas fronteiras.

De acordo com os resultados em 2011, a tecnologia centrada na pessoa está configurada para responder a inquirições dos funcionários da USCIS — que ainda é uma abordagem de bancos de dados ao estilo do século XX, e não uma abordagem com dois segundos de vantagem. É esse, porém, o ponto em que a mudança da USCIS fica interessante. Se a organização conseguir adotar a cultura centrada na pessoa, a tecnologia seria adequada para ajudar a USCIS a ser mais proativa e preditiva. O próximo passo seria torná-la inteligente o bastante para construir o equivalente aos modelos mentais de cada solicitante de imigração. Em vez de apenas responder às perguntas do agente, o sistema da USCIS poderia se transformar em um defensor do solicitante. Ele saberia com quais formulários e providências o solicitante precisaria lidar, por exemplo, e mandar alertas ao solicitante. Por outro lado, quando este concluísse os procedimentos necessários, o sistema poderia informar os agentes de maneira proativa. Há vários tipos de acontecimentos que podem afetar um solicitante individual, incluindo mudança de emprego, estado civil, prisão ou mudança nas leis de imigração. O sistema centrado na pessoa imediatamente saberia qual acontecimento afetaria o solicitante, quase da mesma forma que se um agente experiente estivesse tomando conta do caso daquele determinado solicitante. O sistema saberia de forma proativa o que o solicitante precisaria fazer logo em seguida tendo como base o evento que acabou de acontecer. Ao mesmo tempo, se o sistema reconhecesse acontecimentos que indicassem problemas, ele conseguiria identificar, de forma proativa, os imigrantes possivelmente perigosos.

Se o sistema centrado na pessoa evoluir dessa forma, irá tranquilizar as exigências sobre os agentes da USCIS, mitigar o acúmulo de casos e melhorar muito a experiência de imigração para as pessoas que se mudam para os Estados Unidos. Isso está acontecendo aos poucos, como é de praxe na burocracia federal. Todavia, conforme Hope nos disse, o futuro da USCIS está voltado para se tornar centrado na pessoa — e, com o tempo, preditivo. Sem dúvida, esse é um exemplo de como a cultura e a tecnologia têm de mudar, a fim de obter os dois segundos de vantagem — e como essa mudança às vezes é difícil.

Na primeira parte do livro, falamos sobre como as pessoas talentosas têm capacidade de prever o que irá acontecer um pouco mais rápido e um pouco melhor que quase todas as outras pessoas. Elas têm o que estamos chamando metaforicamente de dois segundos de vantagem. Algumas dessas pessoas, como Eduard Schmieder quando era um jovem prodígio do violino, parecia tirar grande parte dessa habilidade de sua própria mente — em outras palavras, das conexões do cérebro. Outros, como o prefeito de Boston, Tom Menino, contam com ferramentas notáveis — ou modelos mentais — que construíram em cérebros tipicamente diferentes. O grande jogador de hóquei Wayne Gretzky parece ter sido abençoado com ambos os dons.

Em seguida, falamos sobre como a tecnologia tem de mudar e funcionar de forma mais semelhante ao talento nos cérebros humanos. O modelo consagrado de tecnologia, ou seja, administrar as informações com bancos de dados e software analítico, dá cada vez menos conta de acompanhar o grande número de dados e ritmo rápido dos acontecimentos. A tecnologia da próxima geração tem de usar modelos eficientes, que consigam captar um fluxo de acontecimentos e fazer, de maneira constante, previsões imediatas e altamente precisas sobre o que provavelmente irá acontecer, e agir com base nessas previsões. A tecnologia tem de aprender com a massa de dados e em seguida desprezá-los ou até esquecê--los, da mesma forma que os cérebros o fazem.

Alguns pioneiros estão implementando esse modelo de tecnologia, incluindo empresas como Sam's Club e INRIX, e a nova tecnologia consegue criar uma nova mentalidade cultural dentro das empresas. Organizações inteiras podem trabalhar com o objetivo de reagir aos acontecimentos mais como um ser humano talentoso em vez de uma burocracia pesada. A Procter & Gamble está investindo nessa direção, da mesma forma que entidades tão diferentes quanto a Caesars Entertainment e o Departamento de Polícia de East Orange. Essas entidades acreditam que podem desenvolver dois segundos de vantagem organizacional.

A tecnologia por trás dos dois segundos de vantagem está em seus estágios iniciais. A tecnologia disponível em 2011 consegue rastrear acontecimentos de dúzias de fontes em tempo real, conforme elas acontecem. E consegue administrar esses eventos por meio de software baseado em regras e com foco limitado que podem instantaneamente fazer uma previsão calculada — a forma que pela qual a Reliance, na Índia, consegue prever quando um cliente está prestes a ficar insatisfeito e ir para outra operadora.

Acontecimentos, que vêm de todos os tipos de fontes (um site, sensor no local, PC do escritório e câmera), podem ser recolhidos atrás de um barramento de software, da mesma forma que a agência de Serviço de Cidadania e Imigração dos Estados Unidos está fazendo. O barramento consegue traduzir os dados dos acontecimentos em um formato que pode ser processado por um mecanismo de software programado usando as regras aprendidas na exploração do banco de dados. A ideia é evitar voltar para procurar os dados antigos no banco de dados, e de fato processar os acontecimentos através das regras, que podem chegar a conclusões instantâneas. As regras podem ser configuradas para levar em consideração situações individuais, a forma que o sistema da

Harrah's consegue "aprender" sobre as preferências e tendências do cliente verificando dados antigos no banco de dados.

Até certo ponto, a tecnologia pode ajustar as regras por si só observando os resultados, e alterando as regras com base nesses resultados. Há uma expressão para isso: "corrente para a frente". O sistema começa com regras programadas nele e cria conceitos a partir dessas regras. Se as regras esperam que aconteça *X*, mas acaba acontecendo *Y*, a regra trata *Y* como um novo resultado esperado e segue em frente para construir um conceito mais refinado. Esse é um passo inicial na direção de se tornar semelhante ao processamento do cérebro e pode ser colocado em prática hoje mesmo.

Os algoritmos — cálculos por trás do software — continuam melhorando ao fazer previsões em tempo real. A computação em nuvem — capacidade de utilizar o conjunto dos recursos de computação por meio das redes — facilita a reunião de acontecimentos de fontes diferentes e acrescenta memória para administrar o software baseado em regras quando necessário. A tecnologia de visualização está oferecendo aos seres humanos melhores formas de trabalhar com computação em tempo real e preditiva para tomar decisões melhores e mais rápidas. A polícia de East Orange construiu seu próprio painel de controle. A Procter & Gamble e outras empresas estão comprando os seus painéis das grandes empresas fornecedoras de tecnologia.

A tecnologia de hoje consegue reagir e prever de formas que estão se tornando incrivelmente mais parecidas com as do cérebro — desde que os seres humanos a configurem especificamente para fazer essas coisas. As pessoas têm de dizer às máquinas quais acontecimentos observar e quais regras seguir. As máquinas ainda não conseguem aprender. Elas não conseguem decidir do que se lembrar e esquecer. As máquinas ainda funcionam como computadores, processando informações da mesma maneira desde a década de 1940 — apesar de, sem dúvida, com muito mais rapidez.

Essa é a grande barreira para chegar aos sistemas talentosos de dois segundos de vantagem. Rapidez não é mais a solução adequada. Os computadores e software terão de trabalhar de uma forma inteiramente nova — mais semelhante ao cérebro. Essa é a próxima fronteira.

Eletrônica do Cérebro e Cérebros Eletrônicos

No verão de 1955, John von Neumann começou a sentir dores agudas no ombro esquerdo. Morando em Washington D.C. e trabalhando como membro recentemente nomeado para a Comissão de Energia Atômica do presidente Eisenhower, von Neumann estava para começar uma prestigiada série de palestras para a Yale University, chamada Palestras Silliman. Por mais de duas décadas, ele havia sido um dos matemáticos mais influentes do mundo, contribuindo para a teoria dos jogos, teoria econômica, mecânica quântica e outros campos científicos. Na década de 1940, von Neumann havia desenvolvido grande expertise na modelagem matemática de explosões, levando-o a ser recrutado para o Projeto Manhattan, ajudando a pesquisar e construir a primeira bomba atômica.[97]

Von Neumann sempre trabalhou com zelo, mergulhando de cabeça em novas áreas de pesquisa nas quais não tinha treinamento anterior. Na década de 1940, ao ouvir sobre o trabalho embrionário dos primeiros computadores eletrônicos, convenceu-se de que seus cálculos muito rápidos poderiam ajudar a resolver problemas científicos difíceis — incluindo a modelagem de explosões. Então, foi visitar J. Presper Eckert e John Mauchly, que estavam construindo o Electronic Numerical Integrator and Computer – ENIAC (Integrador Numérico e Computador Eletrônico) na University of Pennsylvania. Em pouco tempo, von Neumann estava ajudando Eckert e Mauchly a desenvolverem o ENIAC e, nesse processo, desenhou uma arquitetura de computador que era praticamente desconhecida na época. Até então, os computadores eram programados pela alteração física de seu conjunto de circuitos. Von Neumann sugeriu armazenar o programa na memória ao lado dos dados, enviar as informações através dos algoritmos do programa, mostrar o resultado e buscar mais dados para continuar o processo.

Dentre todas as coisas que von Neumann conquistou em sua vida, é por essa que será mais lembrado. A arquitetura que ele delineou — que veio a ser conhecida como arquitetura von Neumann — é a forma pela qual cada computador já construído funcionou, até os dias de hoje.

Quando a dor no ombro de von Neumann piorou, ele foi operado e recebeu o diagnóstico de câncer nos ossos. Ele sabia que tinha pouco tempo de vida, então, passou a escrever o manuscrito das Palestras Silliman. Queria escrever sobre um assunto que estava em sua mente há algum tempo. O título do manuscrito era *The Computer and the Brain.* Para você ter uma ideia da coragem intelectual de von Neumann, as primeiras palavras do manuscrito foram: "Como não sou neurologista nem psiquiatra, apenas matemático, essa pesquisa exige algumas explicações e justificativas."

Von Neumann escreveu cerca de 100 páginas da palestra. O texto começava descrevendo como os computadores funcionam e em seguida abordava o que era conhecido na década de 1950 sobre os mecanismos do cérebro. É impressionante que von Neumann tenha provado um ponto de vista que ecoa mais forte na década de 2010 do que deve ter ocorrido na década de 1950. Ele comparou o tipo de processamento vago, paralelo e simultâneo que ocorre no cérebro, ao processamento em série, baseado em instruções, dos computadores. Escreveu: "Deve-se esperar que uma grande máquina natural, organizada de maneira eficiente (semelhante ao sistema nervoso central), tenha a tendência de assimilar tantos itens lógicos (ou informacionais) quanto possível ao mesmo tempo. Ao passo que uma grande máquina artificial, organizada de maneira eficiente (como um grande computador moderno), terá maior probabilidade de fazer as coisas sucessivamente — uma de cada vez."[98] No cérebro, as instruções e dados parecem a mesma coisa e as conexões entre elas são muitas e estão sempre mudando. Nos computadores, as instruções e dados estão separados, reunidos através do percurso único do microprocessador. Muito mais que qualquer outra coisa, concluiu von Neumann, esta é a diferença fundamental no modo como cérebros e computadores funcionam — e, em última análise, a barreira para tornar os computadores mais semelhantes ao cérebro.[99]

Von Neumann nunca terminou de escrever a palestra e nunca a proferiu de fato. Em abril de 1956, ele deu entrada no hospital Walter Reed, em Washington, pois o câncer havia piorado. Tentou trabalhar na palestra enquanto estava internado, mas não conseguiu. Protelou até sua morte, em 8 de fevereiro de 1957.

A ironia é que von Neumann parecia interessado em fazer os computadores irem além de sua própria arquitetura para o próximo nível — estudar o cérebro para identificar formas de fazer computadores melhores. Transcorridos 55 anos, o problema sobre o qual von Neumann começou a pensar ainda não foi resolvido. A arquitetura de von Neumann chegou ao momento que é denominado de gargalo von Neumann. Os computadores não conseguem trabalhar muito mais rápido usando a mesma arquitetura em série, ainda assim, o fluxo de dados e o ritmo empresarial mais rápido exigem processamento mais veloz. Agora, na década de 2010, há uma nova energia explosiva por trás do trabalho de resolver o problema de von Neumann. Será necessária uma nova arquitetura pós-von Neumann para desenvolver uma próxima geração de computadores que consiga acompanhar a complexidade do mundo, e que também será importante para os dois segundos de vantagem e os sistemas talentosos.

Isso também funciona no sentido contrário. A pesquisa sobre como tornar os computadores semelhantes ao cérebro é fundamental para entender o cérebro. Steven Pinker, professor de Psicologia da Harvard University, escreveu: "A teoria computacional da mente tem se entrincheirado em silêncio na Neurociência. Nenhum canto da área está imune à ideia de que o processamento de informações é a atividade fundamental do cérebro."[100] Nesse ambiente, os cientistas consideraram útil descobrir as diferenças entre como a informação é processada em computadores e no cérebro. As descobertas devem nos ajudar a construir computadores inteligentes e mentes melhores.

Na metade do clássico filme de 1984, *O Exterminador do Futuro*, Sarah Connor está consultando uma lista telefônica com Kyle Reese. Kyle foi enviado do futuro para proteger Sarah, que será mãe de John Connor, o homem que na próxima geração irá liderar a raça humana em sua luta para impedir que os seres humanos sejam aniquilados por uma raça de robôs inteligentes. Kyle e Sarah estão sendo perseguidos por Arnold Schwarzenegger como o Exterminador — um ciborgue assassino brutal enviado do futuro para matar Sarah e impedir John de nascer. Sarah está consultando a lista telefônica em busca do endereço da Corporação de Dinâmica Cibernética, a empresa que construirá os computadores que irão desenvolver a primeira inteligência artificial que consegue aprender e, em seguida, replicar. A tecnologia da empresa será o início do fim dos seres humanos. Sarah encontra o endereço.

"Não é isso? Corporação de Dinâmica Cibernética?", diz ela a Kyle, no roteiro de James Cameron.

"De que se trata?", pergunta ele.

"Você não disse que eles irão desenvolver essa coisa nova revolucionária?"

"Memória molecular."

"Que seja! Eles se tornaram as pessoas bem-sucedidas na área de computação para que pudessem conseguir o emprego no qual construir 'El Computer Grande' — Skynet — para o governo, certo?"

"Foi isso que me disseram", diz Kyle.[101]

Ela sugere atacarem a empresa, mas claro que Sarah e Kyle nunca conseguem impedir a Dinâmica Cibernética de construir o sistema inteligente, e o futuro funesto dos humanos inevitavelmente se desenvolve na história.

O filme é baseado em uma alegoria de ficção científica familiar. Desde a década de 1950, pelo menos, quando a imprensa popular se referia aos computadores (que naquela época tinham menos capacidade de processamento que um relógio digital de hoje) como "cérebros gigantes", as pessoas têm medo de que as máquinas em breve sejam mais inteligentes que nós. E agora, na década de 2010, os neurocientistas e os cientistas da área de computação estão trabalhando entusiasticamente para criar máquinas que funcionem de forma mais semelhante aos cérebros humanos. Os cientistas têm até o objetivo de construir sistemas que tenham *talento*. Se os humanos ainda não criaram tecnologia que ameace realizar o enredo de *O Exterminador do Futuro*, agora eles certamente devem estar brincando com fogo, certo?

Bem, não exatamente. Os cientistas estão trabalhando de maneira heroica para pegar ideias emprestadas do cérebro, a fim de dar ao computador qualidades humanas e semelhantes ao cérebro. Contudo, algo interessante está acontecendo em meio a essa busca. À medida que os neurocientistas estudam mais o cérebro, descobrem que é ainda mais complexo e difícil duplicá-lo em relação ao que se imaginava antes. E quanto mais os cientistas da área de computação chegam perto de replicar as qualidades do cérebro em máquinas, mais se dão conta de quanto essa tarefa é assustadora. Apenas se lembre dos desvarios do cientista Henry Markram sobre cérebros de gato no Capítulo 4.

Então, provavelmente é útil discutir alguns dos enormes desafios em fazer as máquinas operarem como cérebros completamente funcionais — bem como alguns dos sucessos. Isso deve ajudar a dar alguma perspectiva aos avanços dos cientistas e empresas nesse campo. Construir os primeiros sistemas de dois segundos de vantagem talentosos não é a mesma coisa que a tarefa incrivelmente difícil de construir máquinas pensantes e conscientes.

Há muito tempo os cientistas estão impressionados com a grande densidade do conjunto dos circuitos no cérebro humano. Um pedaço de tecido cerebral que cabe na palma da mão contém cerca de um trilhão de neurônios conectados por 10 quatrilhões de sinapses.[102] A coleção de neurônios em um único cérebro consegue reter cerca de um petabyte de informações[103] — igual a cerca de 20 milhões de fichários de quatro gavetas cheios de páginas de textos.[104]

Por incrível que pareça, o hardware básico do cérebro é um dos menores empecilhos para os estudiosos da tecnologia. Se fizermos a suposição de que um neurônio é mais ou menos o equivalente a um transistor único, então um trilhão de transistores não é tanta coisa assim. Pode-se achar mais de um trilhão de transistores nos computadores de um típico prédio de dormitório de faculdade. A densidade dos transistores dentro dos chips de computador hoje em dia é cerca de 10 vezes menor que a dos neurônios no cérebro, e embora os engenheiros na década de 2010 estejam tendo dificuldades em melhorar a densidade do chip no mesmo ritmo que fizeram no passado, sem dúvida ela irá continuar a se aproximar da densidade do neurônio do cérebro. Assim, literalmente, a diferença na capacidade de processamento bruto entre computadores e cérebros, com o tempo, será bem pequena.

No que se refere ao armazenamento, um petabyte é muito. O Google estava processando cerca de 20 petabytes de dados por dia através de sua rede global em 2010, então, imagine um cérebro com 1/20 do fluxo de dados diários do Google — mapas, buscas, fotos, vídeos, documentos etc. Ainda assim, um disco rígido de um petabyte provavelmente estará disponível no mercado até o final da década de 2010. Espera-se que novas tecnologias experimentais como a "memória de pista de corrida" da IBM ultrapassem a densidade de armazenamento do cérebro.[105] Na década de 2020, as pessoas podem estar guardando petabytes de dados em um aparelho do tamanho de um drive USB. Então, a lacuna entre a armazenagem em computador e a armazenagem no cérebro também está diminuindo.

Entretanto, simplesmente equiparar circuito por circuito do cérebro não vai criar um cérebro. Uma das características notáveis do cérebro é como ele processa tantos dados através de todos aqueles neurônios usando tão pouca energia — de 12 a 20 watts, ou a quantidade de energia necessária para acender a lâmpada de uma geladeira. Se um computador construído com a tecnologia de hoje processasse a mesma quantidade de informações na mesma velocidade que um único cérebro, o sistema de computador consumiria a mesma quantidade de energia de uma cidade pequena. A tecnologia dos computadores é um devorador de energia comparada à tecnologia do cérebro. A não ser que isso mude, o Exterminador do Futuro teria que ter por perto uma usina nuclear apenas para pensar.

O quatrilhão de sinapses do cérebro humano liga cada bit de dados de várias formas (considere todas as associações que surgem apenas em ver a palavra "chocolate"). Nenhum programador conseguiria ser inteligente o suficiente para pensar a respeito e criar todas essas ligações. As sinapses conectam-se com base em experiências, então, cada cérebro é autoprogramado. É por isso que todos nós somos únicos. Ninguém sabe como fazer um computador funcionar assim.[106]

Memória e processamento são basicamente a mesma coisa nos cérebros, executados no mesmo lugar. É por isso que o cérebro tem tanta eficiência de energia. A arquitetura do cérebro é fundamentalmente diferente da arquitetura de Neumann, na qual a memória está em um lugar, o processamento em outro, e os dados são sorvidos pelo processador através de uma espécie de canudo. O córtex cerebral — aquela camada externa fundamental nos cérebros dos mamíferos, em que ocorre a maior parte do aprendizado e processamento — parece o mesmo em todos os lugares: uma camada de neurônios conectados por sinapses. O cérebro aprende as relações de causa e efeito, e forma memórias associativas usando um elegante único processo.

Lembre-se de capítulos anteriores neste livro nos quais falamos que a camada mais baixa de neurônios recebe sinais do mundo exterior. Se você imaginar um bebê percorrendo o mundo com os olhos, seu cérebro é mais ou menos como um quadro em branco. Os neurônios apenas estão ali, esperando para receber informações. Quando o bebê olha para a foto de um sapo, seus olhos mandam um fluxo de dados para a parte de seu córtex que processa sinais visuais, e os neurônios daquela região anotam as características de um sapo, decompostas em pedaços distintos de dados. Se os pais do bebê disserem a palavra "sapo", os neurônios ligam aquele som a cada característica do sapo. Na hora, o cérebro cria uma pasta chamada "sapo" e coloca todas as informações sobre sapos dentro dela, criando um conjunto de memórias associativas. O cérebro está basicamente se conectando — fazendo conexões entre os neurônios com base na experiência. Essas conexões sinápticas são reforçadas através da descarga de neurônios e desenvolve-se em blocos. Em breve, qualquer menção ou vista de um sapo ativa todos aqueles neurônios conectados dos sapos no mesmo instante. É um processo maciço que ocorre em paralelo. "Sapo" ativa todos os dados sobre sapos imediatamente e, em seguida, concentra-se no que é mais apropriado para o momento.

Para voltar à descrição do neurocientista Jim Olds, seu cérebro pensa muitas coisas ao mesmo tempo e, em seguida, gira em torno de uma solução ou ideia. A programação do cérebro é vaga e flexível. Por outro lado, os computadores processam tudo de maneira serial e calculam um caminho para a conclusão. A arquitetura do computador dita um processo tedioso e rigoroso, causando o gargalo de von Neumann. Apesar de se estar trabalhando muito para inventar uma arquitetura pós-von Neumann, nada deu certo ainda.

A emoção cria outro obstáculo para os computadores inteligentes. A ficção científica muitas vezes retrata robôs inteligentes isentos de emoção. O motivo alegado, nessas histórias, é a dificuldade para se programar a emoção em máquinas. Contudo, há um problema com essa lógica. A emoção é parte importante do processamento eficiente e das capacidades de memória do cérebro. É um índice cruzado fundamental, dá cor a cada bit de informação, ajudando a dizer ao cérebro o quanto determinadas informações são importantes ou como elas se relacionam a outras informações. Seria extremamente difícil criar um computador semelhante ao cérebro *sem* emoção — ainda assim, ninguém tem a menor ideia de como programar emoção. Esse problema sem solução aparente pode ser o suficiente para impedir o surgimento de máquinas conscientes por muito tempo.[107]

Uma outra barreira para a construção de um cérebro computadorizado é a resistência. Se um grupo de transistores de um computador queimar, o computador deixa de funcionar. Se seu cérebro funcionasse dessa forma, um único episódio de intoxicação com bebida alcoólica daria a ele a tela azul da morte. O cérebro tem uma conexão dinâmica — ele pode mudar a forma como seus neurônios são conectados de maneira dinâmica. Quando um neurônio morre, seu cérebro apenas se direciona em torno dele. Se alguém tem um AVC ou acidente e uma região inteira do cérebro deixa de funcionar, muitas vezes a pessoa pode recuperar parte ou toda a habilidade governada por aquela área. Aos poucos, mas de maneira segura, o cérebro reconecta-se em torno do problema. Os estudiosos da tecnologia não conseguem fazer os computadores executarem nada disso, e conforme estes vão ficando cada vez mais complexos — com mais transistores, conexões e linhas de código — tendem a ficar mais frágeis. Com toda essa complexidade, um pequeno defeito pode paralisar a operação.

A mensagem aqui é que não é provável que computadores se tornem cérebros — ao menos não no futuro próximo. No entanto, isso não significa que os computadores não possam se tornar mais semelhantes ao cérebro. Os cientistas de computação e neurocientistas estão vasculhando o cérebro um pouco a cada vez, pelas bordas, aproximando-se dele por vários ângulos. "A disparidade entre as arquiteturas dos computadores modernos e o cérebro é tão grande que temos um grande potencial de ganhos" ao fazer essa pesquisa, diz Dharmendra Modha, que está liderando a equipe de computação cognitiva no laboratório de pesquisas Almaden da IBM, nos arredores de San Jose, Califórnia. E ele complementa: "Se chegarmos na metade do caminho, já é possível mudar o mundo."[108] Fazer os computadores funcionarem apenas de forma um pouco mais semelhante ao cérebro seria um grande avanço.

Isso está começando a acontecer. Um dos objetivos da pesquisa é criar hardware e conexões que se apropriam dos cérebros, iniciando o caminho para dar às máquinas parte do talento bruto achado em pessoas, como o músico Eduard Schmieder ou o comediante Mo Rocca.

Outro objetivo envolve trabalhar com software, achar meios das máquinas aprenderem e construírem modelos que possam reagir aos acontecimentos de forma rápida e eficiente — o tipo de capacidade construída nos cérebros de pessoas como o prefeito de Boston Thomas Menino ou o artista da sedução Mystery.

Os cientistas e engenheiros estão fazendo esse trabalho nos laboratórios e centros de pesquisa e desenvolvimento. Enquanto isso, as empresas e departamentos de TI estão implementando as primeiras versões dessa tecnologia em campo. Conforme empresas como Sam's Club, Xcel Energy e a polícia de East Orange constroem e aplicam sistemas preditivos, aprendemos um pouco mais sobre como as máquinas podem responder à maneira de seres humanos talentosos. Os sistemas em funcionamento nesse estágio são limitadamente concentrados em aplicações específicas, como fazer ofertas instantâneas aos clientes do Sam's Club ou prever determinados crimes. Todavia, esses são pontos de partida rumo à construção de sistemas e empresas talentosos. Serão necessários mais pesquisa e desenvolvimento para conduzir o mundo da arquitetura de Neumann para uma que possa realmente impulsionar os sistemas de dois segundos de vantagem.

Em meados da década de 2000, a Defense Advanced Research Projects Agency (Agência de Projetos de Pesquisa Avançada de Defesa) do Pentágono, ou DARPA, solicitou a apresentação de propostas para projetar um novo tipo de sistema eletrônico que funcionaria menos no âmbito da ciência da computação e mais no âmbito dos cérebros. O programa é chamado de SyNAPSE, um acrônimo de Systems of Neuromorphic Adaptable Scalable Eletronics (Sistema Neuromórfico de Eletrônicos Adaptáveis e Escaláveis). O objetivo fundamental do programa é um chip de computador que consiga atuar como um cérebro humano com aproximadamente 100 milhões de neurônios.[109] Isso criaria um chip semelhante ao cérebro que se situasse entre o córtex cerebral de um rato (55 milhões de neurônios mais ou menos) e de um gato (cerca de 760 milhões de neurônios). Os seres humanos têm mais de 20 bilhões de neurônios. A DARPA também quer ver esses chips instalados em uma plataforma robótica que consiga perceber o ambiente em torno dela, movimentar-se nele e aprender com suas experiências. É uma tarefa de vulto, se levarmos em conta os primeiros passos relativamente pequenos envolvidos no trabalho de robótica de Rajesh Rao.

Na última década, a DARPA financiou dois projetos semelhantes com o objetivo de criar computadores que conseguissem processar informações de forma mais semelhante ao cérebro. Um deles era chamado BICA, que significa Arquitetura de Computadores Biologicamente Inspirada; o outro era HYCS, que significa Sistemas Cognitivos de Alto Rendimento. Nenhum deles produziu um chip com arquitetura pós-von Neumann. Contudo, desde esses projetos, houve grandes avanços nas ciências que podem impulsionar essa tecnologia.

No final de 2010, a DARPA concedeu verbas do SyNAPSE a três equipes: IBM Research, HP Labs e HRL, o antigo Laboratórios de Pesquisa Hughes.[110] Todas as três devem alcançar determinadas etapas do projeto para mostrar seu progresso. Elas têm de começar desenvolvendo uma simulação que imite o comportamento neural dos animais primitivos. A segunda fase pede um modelo de computador que possa funcionar ao nível de um rato. A fase três requer algo que esteja no mesmo nível de um gato. As pessoas envolvidas no projeto enfatizam que os objetivos não devem ser levados ao pé da letra — ninguém está planejando construir a réplica de um gato. Os cérebros são simulações, que trabalham inteiramente dentro de um software.[111] Abordagens promissoras de todas as três equipes poderiam receber contratos do Pentágono para continuar a pesquisa e transformá-la em aplicativos.

Os militares veem muitos usos possíveis. Alguns deles, como se pode imaginar, são armas inteligentes. As aeronaves teleguiadas das forças armadas — um dos avanços de guerra mais significativos da última década — hoje em dia são operadas remotamente por pessoas em terra firme. Por incrível que pareça, essas pessoas têm maior probabilidade de ter transtorno de estresse pós-traumático que pilotos que realmente voam nas missões. Uma aeronave teleguiada completamente autônoma eliminaria esse risco e outras limitações dos operadores humanos — como o fato dos seres humanos ficarem cansados ou serem passíveis de cometer erros.

Outras aplicações não são tão voltadas para a frente de batalha. A tecnologia semelhante ao cérebro conseguiria analisar as imagens de satélite. Os satélites enviam para a Terra enormes quantidades de dados, e hoje em dia quase todos eles devem ser vistos e analisados por pessoas. Os computadores conseguem lidar com uma carga de trabalho muito maior que um analista de inteligência típico, avaliando mais imagens, com maior precisão, sem se cansar.[112] Os computadores modernos fazem um pouco de análise visual, mas não conseguem de fato ter o tipo de pensamento semelhante ao humano que envolve reconhecer padrões e tirar conclusões.

Um terceiro uso é no âmbito da exploração espacial. Os veículos no espaço devem receber todos os seus comandos de operação de uma pessoa sentada em um terminal de computador na Terra. No entanto, durante uma missão em Marte, os sinais de radiocomunicação, que viajam na velocidade da luz, levam de 10 a 20 minutos para chegar até nós. Se um Rover (veículo de exploração espacial de operação remota), lá em Marte, fosse direcionado para uma cratera perigosa, o operador não veria a imagem antes de transcorridos mais de 10 minutos após ter sido enviada. E então, se o operador ativar os freios, o sinal de comando só chegaria mais de 10 minutos depois. Até lá o veículo pode ter ficado preso na cratera. Um veículo inteligente seria capaz de avaliar os arredores e movimentar-se sozinho. Ele ainda teria contato com as pessoas aqui na Terra, mas precisaria de menos supervisão direta.

O trabalho da IBM em computação cognitiva começou em 2006, cerca de dois anos antes da DARPA ter anunciado o SyNAPSE.[113] Desde então, a equipe tem feito "simulações de córtex" ou modelos de computador dos cérebros de animais, cada vez mais complexos. Em 2006, a equipe usou o supercomputador Blue Gene para simular o córtex de um animal com oito milhões de neurônios e 50 bilhões de sinapses, ou cerca de metade do tamanho do cérebro de um rato. Um ano depois, eles projetaram a simulação do córtex de um rato, e no final de 2009 subiram na cadeia alimentar para simular o córtex de um gato. Foi esse o trabalho que Henry Markram criticou.

No Instituto da Mente e do Cérebro em Lausanne, Suíça, o cientista Markram está comandando outro esforço para modelar cérebros. Não faz parte do SyNAPSE e busca apoio financeiro do governo suíço, da União Europeia e da IBM (dá para perceber que a IBM está muito interessada em computadores inteligentes). Markram, por sua vez, foi criticado por outros cientistas por dizer que pode construir uma mente humana artificial até 2018 — uma mente que possa desenvolver por si mesma algum grau de consciência humana. Os computadores envolvidos nas simulações do cérebro são enormes — a simulação do gato da IBM utilizou o supercomputador Dawn Blue Gene/P no Laboratório Nacional Lawrence Berkeley, que tem 147.456 unidades de processamento central (CPUs) e 144 terabytes de memória principal, além de exigir um megawatt de eletricidade para funcionar (energia suficiente para abastecer mil residências). Mesmo com esse consumo de energia, as simulações processaram informações a uma fração da velocidade de um cérebro real. A criação de um único cérebro humano funcional em um computador levaria ao esgotamento dos recursos de supercomputação do mundo e afetaria a rede elétrica. As simulações do cérebro ainda estão atreladas ao — e incapacitadas pelo — projeto tradicional do semicondutor. Por isso, algumas equipes de pesquisa estão tentando levar o que estamos aprendendo sobre o software do cérebro para a aplicação na construção de um novo tipo de hardware.

Voltando a 1971, Leon Chua, professor da University of California, em Berkeley, publicou uma teoria de que era possível produzir um chip que mudasse de resistência ao se aplicar uma tensão elétrica nele. Ele chamou esses chips de "memristores". Não era possível fabricá-los, nem mesmo em laboratórios, até os cientistas fazerem descobertas na nanotecnologia nas décadas de 1990 e 2000 que lhes permitiram manipular átomos para fazer materiais novos. Nos últimos anos, os laboratórios de pesquisa experimentaram colocar uma minúscula camada de dióxido de titânio em um chip de processamento. Ao transmitir corrente através do material na parte de cima, eles conseguem mudar a resistência dos elementos no chip embaixo, e essa mudança fica intacta mesmo após cessar a corrente. Em outras palavras, a exposição ao sinal muda a forma pela qual o chip é conectado, e este processa as informações e se lembra — um pouco como os neurônios nos cérebros. Os pesquisadores até construíram uma rede básica de alguns memristores e mostraram como esse dispositivo poderia criar memórias associativas muito primitivas.

Uma grande diferença entre computadores e cérebros é que os computadores processam informações em um lugar, armazenando-as em outro. No cérebro, o córtex atua como dispositivo de memória e armazenamento no mesmo lugar, processando muitos dados ao mesmo tempo, e de forma paralela. Os memristores podem ser um caminho para esse tipo de processamento. Além disso, porque conseguem processar e armazenar informações, devem ser capazes de trabalhar de forma muito mais eficiente, com mais rapidez, consumir menos energia, e emitir menos calor que a arquitetura de chip e armazenamento atual.

A equipe da Hewlett-Packard, que está trabalhando com o financiamento do SyNAPSE, concentra-se em hardware — e especificamente memristores. A HP ficou interessada quando um cientista dos laboratórios da empresa, Greg Snider, percebeu que um dispositivo em nanoescala no qual estava trabalhando tinha um comportamento que havia sido previsto por Chua. A descoberta é fundamental para finalmente se fazerem memristores eficientes e densos o bastante para competir com a computação biológica rival.[114]

Todavia, a HP está estudando dar uma abordagem prática na pesquisa dos objetivos da DARPA, com planos de também desenvolver memristores em produtos mais em médio prazo. Massimiliano Versace, cientista sênior de pesquisas da Boston

University e um dos principais investigadores da equipe da HP, disse: "As diretrizes da DARPA são muito amplas. O que estamos fazendo é pegar isso e criar funções mais precisas e limitadas."[115] Em 2010, a HP assinou um acordo com a Hynix Semiconductor para desenvolver produtos comerciais com memristores sob o nome Resistive Random Access Memory – ReRAM (Memória de Acesso Aleatório Resistiva). As primeiras versões disponíveis comercialmente devem ser lançadas no mercado em meados da década de 2010, muito provavelmente como substitutos das memórias flash. Contudo, o potencial está em juntar feixes de memristores e fazer com que se comportem como redes neurais. O hardware baseado no memristor poderia funcionar de forma mais semelhante ao córtex cerebral. Se as redes neurais baseadas no memristor conseguirem se programar formando conexões em torno de pedaços de dados — da forma que os cérebros fazem — teremos os primeiros vislumbres de um hardware que consegue aprender. E hardware que consegue aprender ajudaria muito na construção da tecnologia de dois segundos de vantagem e de sistemas talentosos.[116]

A pesquisa da HP reviveu o interesse que Chua tem pelos memristores há mais de 40 anos. "O próprio professor Chua chamou atenção para a conexão entre as propriedades do memristor que sugeriu e aquelas da sinapse em seus primeiros estudos", disse Stan Williams, seu colega na HP. Chua está trabalhando com a HP para fazer com que os memristores tenham processamento semelhante ao do cérebro.[117]

Na Stanford University, o bioengenheiro Kwabena Boahen está dando outro passo no caminho até o hardware inspirado no cérebro: chips neuromórficos. "Neuro" vem do mesmo prefixo de neurociência; "mórfico" refere-se à capacidade dos chips de transformar e criar conexões e percursos novos com base em informações fornecidas. Em outras palavras, os chips teriam capacidade de aprender. Uma ideia importante de Boahen é que cérebros talentosos literalmente mudam seu hardware para fazer bem uma determinada tarefa. Depois de tantos anos jogando hóquei, o cérebro de Wayne Gretzky literalmente reconectou-se para pensar sobre o hóquei de forma extremamente eficiente. A conexão do seu cérebro não se pareceria nada com a do cérebro do prefeito Menino, que se conectou para a tarefa de ser político em Boston. Por outro lado, os computadores são máquinas de propósito geral. Seja um laptop ou um computador de grande porte, o hardware do computador não é alterado para se concentrar em determinada tarefa. Em vez disso, fazemos com que o computador generalizado faça coisas específicas usando software. A construção de computadores, assim orientada, tem um alto custo na eficiência e velocidade. Muitos recursos de computação são desperdiçados fazendo coisas que realmente não importam para uma determinada tarefa.

Boahen escreveu na revista *Scientific American*: "Customizar o hardware é algo que cérebros e chips neuromórficos têm em comum — ambos são programados em nível de conexões individuais. Eles adaptam a ferramenta para a tarefa específica. Se pudéssemos traduzir aquele mecanismo para silicone — metamorfoseando — poderíamos fazer com que os chips neuromórficos se modificassem da mesma forma."[118]

Em 2009, a equipe de Boahen construiu um lote de seus primeiros chips, que chamou de chips Neurogrid. Cada um tinha dispositivos autoconectores semelhantes ao memristor para emular 65.536 neurônios. Desde então, a equipe montou 16 chips Neurogrid em um painel único para emular um milhão de neurônios, conectados por um emaranhado de seis bilhões de sinapses. Em 2011, eles esperam criar uma segunda geração de Neurogrid de 64 milhões de neurônios de silicone, quase o mesmo que o cérebro de um rato.

Aqui está a grande diferença entre o caminho do Boahen para um cérebro de rato simulado e o caminho que a IBM percorreu com seu cérebro de rato: a IBM usou 16 supercomputadores para simular 55 milhões de neurônios conectados por 442 bilhões de sinapses. Esses computadores consumiram 320 mil watts de eletricidade, o suficiente para abastecer 260 casas norte-americanas (a simulação do cérebro de um gato exigiu três vezes mais energia). Quando Boahen faz a simulação do cérebro de um rato com um número semelhante de neurônios, seu dispositivo Neurogrid consegue isso com apenas alguns watts de energia.[119]

No total, cada um desses avanços — as simulações em supercomputadores, memristores e chips neuromórficos — ajudará na busca de computadores semelhantes ao cérebro.

Um outro avanço interessante na área de hardware está próximo: a possibilidade de que a arquitetura pós-von Neumann não envolva algo que lembre nem de longe os chips de computador, mas em vez disso irá contar com o giro dos átomos. Esse é o estranho e esquivo campo da computação quântica, que aborda áreas que são quase impensáveis. Por exemplo, é possível que um computador quântico tenha um número infinito de respostas certas para um número infinito de universos paralelos. Ele só dá a resposta certa para o universo em que a pessoa está naquela oportunidade. "É necessário ter muita coragem para aceitar essas coisas", disse Charles Bennett da IBM, um dos cientistas mais famosos da área, quando estava trabalhando com computadores quânticos há mais de uma década.[120]

Bennett estava entendendo a principal propriedade da computação quântica: ela procura todas as possíveis respostas instantaneamente e, então, escolhe a melhor para o próximo momento — que parece ser o modo como os cérebros funcionam. A IBM, a Yale University, a University of California em Santa Bárbara e outros estão trabalhando em chips de computação quântica que possam ser produzidos em massa usando técnicas conhecidas.[121] A D-Wave, empresa recém-criada estabelecida na Columbia Britânica, Canadá, conseguiu financiamento de investidores do Vale do Silício em 2003, e agora está testando chips baseados em computação quântica.[122]

A computação quântica avançou quando os físicos perceberam que os átomos são, por natureza, minúsculas calculadoras. Neil Gershenfeld, do MIT, que ajudou a construir um dos primeiros computadores quânticos bem-sucedidos, disse: "A natureza sabe computar. Apenas não sabíamos como fazer as perguntas certas." Os átomos têm uma rotação ou direção natural, da mesma forma que a agulha em um compasso tem uma orientação. O giro pode ser para cima ou para baixo, para dentro ou para fora, ou zero ou um (da mesma forma que os chips de computador e os neurônios representam as informações). Contudo, uma vez que um átomo pode ir tanto para cima quanto para baixo ao mesmo tempo — o que é chamado de colocá-lo em superposição — não é apenas igual a um bit, como no computador tradicional. É algo mais do que isso. Os cientistas chamam isso de "qubit". Se você colocar um grupo de qubits juntos, eles não fazem cálculos de maneira linear, como os computadores de hoje. Eles estão, de certa forma, fazendo todos os cálculos possíveis ao mesmo tempo, combinando todas as respostas possíveis. O ato de medir os qubits encerra o processo de cálculo, e força-os a escolher uma resposta. Um dos chips da D-Wave, com 128 qubits, poderia ter a potência de um supercomputador.

Para programar um computador quântico, não se usaria a lógica passo a passo dos computadores de hoje em dia. Seria requerida uma lógica que usasse as propriedades dos qubits. Isso é o que Lov Grover, então nos Laboratórios Bell da AT&T, fez na década de 1990, quando inventou um algoritmo que usa computação quântica para pesquisar bancos de dados. O algoritmo de Grover cria múltiplos caminhos de cálculos, para que ondas de resultados — todos acontecendo ao mesmo tempo — interfiram um no outro. As respostas certas interferem de maneira construtiva e fazem sentido. Não é muito diferente da maneira que Jim Olds descreveu a forma como os cérebros giram ao redor de uma ideia ou resposta.

O pior problema da computação quântica é que o funcionamento interno do dispositivo e o cálculo real dos átomos têm de ser completamente isolados do que está em volta. Qualquer interação com um único outro átomo ou partícula de luz faz a partícula escolher uma direção rotativa, poluindo os resultados. E, ainda, se alguém for programar um computador quântico, inserir dados e pegar o resultado, tem de interagir com os átomos de alguma forma. Alguns cientistas usam entrelaçamento de quantum — no qual as partículas são ligadas para que a medição da propriedade de um imediatamente revele informações sobre o outro — para extrair informações. No entanto, criar e manter os qubits entrelaçados é um desafio complexo. Outros grupos tentaram medir o ruído magnético dos átomos à pequena distância com uma máquina de ressonância magnética nuclear.

A questão é que a computação quântica ainda é uma experiência de laboratório, porém, os cientistas em geral acreditam que ela será usada nos próximos 20 anos, talvez alterando o campo de computação da mesma forma que a invenção do transistor na década de 1940. Sem dúvida, em algum momento o hardware de computador irá fazer a transição para uma arquitetura pós-von Neumann.

Contudo, até lá, a maior esperança para as máquinas semelhantes ao cérebro está no software.

Jeff Hawkins espreguiçou-se na cadeira do escritório que mal conseguia reter sua figura magricela. Ele estava na sede da Numenta, no sótão de um pequeno prédio no centro de Redwood City, Califórnia. Um teto de madeira inclinava-se para uma minúscula janela. A mesa solitária e descascada poderia ter vindo do Departamento de Trânsito. A sala tinha uma iluminação fluorescente desagradável e era desprovida de qualquer decoração. O escritório pertencia a Donna Dubinsky, sócia de Hawkins de longa data, que o ajudou a fundar e administrar a Palm Computing e depois a Handspring, que compunham o Treo original. Hawkins disse:

"Não gosto de escritórios. Acho que são apenas um lugar para trabalhar." Numenta parecia qualquer coisa, menos um projeto glamouroso e confortável para a Hawkins.[123]

O seu livro de 2004, *On Intelligence*, reuniu ideias emergentes e produziu a teoria sobre como o neocórtex funciona, e, em especial, como ele funciona como máquina preditiva. Conforme você deve se lembrar, ele influenciou pesquisadores como Rajesh Rao. Pode-se imaginar que, por um lado, Hawkins considera o livro uma grande conquista, já que por cerca de 23 anos criou algumas das tecnologias de dispositivos móveis mais impactantes da história. Todavia, na verdade Hawkins acredita que seu trabalho em tecnologia sempre foi uma forma de financiar sua pesquisa sobre o cérebro. "Sou um empreendedor de meio expediente", disse ele, o que parece um pouco com John McEnroe dizendo que sua carreira no tênis foi uma forma de financiar sua ambição em ser apresentador de programa de entrevistas.[124]

Em 2002, Hawkins formou o Instituto de Neurociência Redwood (que desde então foi rebatizado de Centro Redwood para Neurociência Teórica), organização sem fins lucrativos, para continuar a desenvolver suas teorias. Ali, o matemático Dileep George criou algoritmos que permitiriam que as teorias de Hawkins se transformassem em programas de computador. Isso, por sua vez, tornou-se a tecnologia central original por trás da Numenta. Hawkins pediu a Dubinsky para ser o diretor-executivo. Ela estava acabando de encerrar um ano distante do trabalho e estava entediada. "Pensei, meu Deus, eu adoraria trabalhar com Jeff de novo em algo que pudesse mudar o mundo", disse Dubinsky.[125] Então Hawkins, Dubinsky e George fundaram a Numenta. O objetivo da empresa, desde o princípio, era começar a produzir tecnologia de computadores que tivesse habilidades semelhantes ao cérebro.

Hawkins disse: "Quero ser um catalisador para uma futura indústria de aprendizado de máquinas com base nos princípios biológicos. Acredito que há uma enorme oportunidade para que as máquinas consigam aprender como os cérebros. Isso poderia mudar o mundo completamente, mas é um grande desafio intelectual."[126]

De fato, esse é um problema tão complicado que, quando conversamos com Hawkins em 2010, ele comentou sobre a Numenta: "Já se passaram cinco anos, e não somos bem-sucedidos."[127] Entretanto, pouco antes da reunião, a Numenta teve uma série de grandes avanços com seu modelo matemático, e Hawkins estava otimista.

No âmago do trabalho da Numenta está uma tecnologia chamada de HTM ou memória temporal hierárquica. Ela pode funcionar em um laptop, portanto, não precisa de supercomputadores ou novos tipos de hardware semelhantes ao cérebro. A HTM é uma tentativa de entender a lógica versátil do cérebro, principalmente sua capacidade de ligar vários bits diferentes e saturados de informação a um conceito. Conforme discutido em outros capítulos, um cérebro jovem pode se conectar a tudo que tenha a ver com sapo, para que depois o som, ou o desenho do contorno dele, ou ainda, apenas ver uma parte do sapo se conecte a "sapo" e revele aquele conceito. Essa façanha seria praticamente impossível para um computador, que não consegue aprender o conceito genérico de um sapo. Ele poderia alimentar milhões de imagens de sapos, mas caso se deparasse com a imagem de uma formação de nuvens que se parecesse muito com um sapo, não teria a mais remota ideia de como fazer a ligação com "sapo". Tudo que veria seriam as nuvens.

A equipe de Hawkins está tentando fazer os computadores construírem camadas hierárquicas, assim como o cérebro. O nível mais baixo reuniria grandes quantidades de informações recebidas de todos os tipos de fontes — o equivalente a uma pessoa que absorve informações brutas de todos os sentidos. Esses dados brutos passariam para o próximo nível, o qual começaria a montar as informações em conceitos, e subiria a outro nível, que procuraria associações e montaria um conceito mais profundo, e assim por diante em linha ascendente. Ao mesmo tempo, os níveis mais altos na hierarquia da HTM gerariam expectativas sobre o que se está procurando e compararia essas expectativas com as informações vindas de níveis mais baixos.

Parte do desafio da HTM é conseguir "aprender" sobre algo. Se a HTM irá aprender a procurar sapos, ela tem de receber muitas imagens de sapos — com um passo extra importante. As imagens são apresentadas ao computador ao longo do tempo, e ele as escaneia de cima para baixo, e depois da esquerda para a direita. Isso o ajuda a perceber que partes do sapo são parcelas de um sapo inteiro. Cada camada de HTM tem de ser treinada separadamente, para que cada uma seja carregada com todas as informações que precisa para fazer uma inferência. O problema é que esse tipo de aprendizado é lento e individualizado. Uma criança demora anos para aprender o suficiente para achar um sapo em um livro de figuras. Provavelmente não queremos computadores que levem anos para serem programados.

Apesar do processo ser tedioso, quando completa, a HTM deve ser capaz de "observar" muitas informações incompatíveis e desencontradas, e entender o que está vendo. Se alguém quiser que um programa HTM observe sapos em uma lagoa, poderia enfileirar várias câmeras em uma lagoa para relatar o aparecimento de qualquer tipo de sapo, ou mesmo se apenas a cabeça de um sapo surgir na superfície. Uma das primeiras aplicações práticas do programa HTM da Numenta é a tecnologia de detecção por vídeo de uma empresa chamada Vitamin D. A tecnologia pode, por exemplo, apreender as imagens básicas de um homem, uma mulher e um cachorro que moram em um apartamento. Se a câmera de segurança for então instalada no apartamento, e alguém que não mora lá entrar, o sistema consegue reconhecer a irregularidade, emitindo um alerta de que um intruso pode estar ali.

As inserções de informações na HTM não têm de ser visuais, e este é o ponto em que computadores com alguma inteligência semelhante à do cérebro conseguem fazer coisas que os seres humanos não conseguem. O software HTM poderia observar todo o tráfego em uma rede de computadores e desenvolver um modelo de como o tráfego se parece quando está normal, e como ele se parece quando um hacker está iniciando um ataque. Em seguida, o sistema conseguiria prever quando um ataque poderia vir, gerando um alerta, ou tomar providências para impedir que ocorra. A HTM poderia fazer esse tipo de análise nas transações de cartão de crédito para procurar fraudes, ou nas informações de saúde para prever um começo de surto ou epidemia de gripe. Poderia, ainda, fazer com que milhões de sensores de tempo em todo o mundo enviassem constantemente dados a um computador que reuniria os dados para "ver" as temperaturas globais em tempo real e, em seguida, fazer previsões sobre o que irá acontecer depois.

Disse Hawkins: "Ele visualizaria o clima como eu e você vemos as coisas. Ninguém está nem ao menos concebendo as verdadeiras oportunidades hoje em dia." Ele quer que a Numenta construa e comercialize um "instrumento de previsão" para o qual possa ser ensinada qualquer coisa, cuja aplicação se dê das mais variadas maneiras — uma plataforma que seja desenvolvida por outras pessoas para usos inovadores. Disse: "A máquina pode aprender — ela não é codificada com programas. É uma forma nova de pensar sobre os dados."

A Numenta, disse Hawkins, está apenas começando a entender como fazer um instrumento de previsão comercial.

"O aprendizado das máquinas se encontra, atualmente, onde os computadores estavam na década de 1950: é de fato difícil de fazer e só pode ser feito por especialistas", disse ele.[128] O objetivo da Numenta é transformar a HTM em algo que praticamente qualquer um possa usar. Conforme trabalha com esse objetivo, Hawkins está lentamente descobrindo mais a respeito do funcionamento do córtex humano, e como colocá-lo em um pacote de programas.

Enquanto isso, o prêmio pelo cérebro computacional mais famoso no início da década de 2010 provavelmente irá para Watson, a máquina da IBM que derrotou seres humanos no programa de televisão *Jeopardy!*.

Watson faz um trabalho excelente ao entender uma pergunta complicada e descobrir a resposta certa. Os cientistas da IBM foram rápidos em dizer que Watson na verdade não pensa. "O objetivo não é imitar o cérebro humano", disse David Ferrucci, que passou 15 anos conduzindo Watson ao estrelato na TV, ao trabalhar na IBM Research com problemas de linguagem natural, encontrando respostas em meio a informações desestruturadas. Ele completa: "O objetivo é construir um computador que possa ser mais eficaz ao entender e interagir na língua natural, mas não necessariamente da mesma forma que um ser humano."[129]

O sucesso de Watson vem da exploração de um traço do cérebro humano: esse órgão processa muitas respostas possíveis ao mesmo tempo, pondera a probabilidade de cada uma delas estar certa e, em seguida, decide qual resposta é provavelmente a mais correta.[130]

Os computadores nunca foram bons em descobrir respostas. No antigo site de buscas Ask Jeeves, podia-se fazer uma pergunta em linguagem objetiva, mas Jeeves não dava uma resposta. Ele deixava escapar dezenas de milhares de resultados de busca. Desde então, pesquisadores de universidades e engenheiros de empresas vêm trabalhando em um programa que responda perguntas, porém, o máximo que eles conseguem é apenas compreender e responder perguntas simples e diretas (Quantos prêmios Grammy os Beatles ganharam?), e mesmo assim responderá errado quase um terço do tempo.[131] Isso não é bom o bastante para ser útil, muito menos para derrotar os campeões do *Jeopardy!*. As perguntas do programa são cheias de sutilezas, trocadilhos e jogos de palavras — o tipo de coisa que deleita as pessoas, mas obstrui os computadores. "O que é a morte negra de um vendedor?" é a resposta para a pista do *Jeopardy!*, "Famosa peste do século XIV que se tornou uma peça de sucesso de Arthur Miller." A única forma de chegar a essa resposta é reunir pedaços de informações de várias fontes, porque a resposta exata provavelmente não está escrita em lugar nenhum. O computador tem de ser, de certa forma, criativo. O grande avanço de Ferrucci foi fazer um computador enorme atuar de forma só um pouco parecida com a do cérebro.

Watson funciona em um grupo de computadores Power 750 — dez prateleiras com 2.880 processadores. É uma sala coberta de gabinetes pretos de computador além dos sistemas de armazenamento que podem reter o equivalente às informações de cerca de um milhão de livros. Durante vários anos, o sistema Watson — o hardware de computador, mais o programa chamado DeepQA criado pela equipe de Ferrucci — recebeu uma grande quantidade de informações, incluindo textos de dezenas de milhares de livros, toda a Wikipédia, milhões de textos jornalísticos, dicionários de rimas, de sinônimos, entre outras coisas. A equipe da IBM parou de acrescentar informações aos dados armazenados em Watson apenas quando ficou claro que as informações extras não estavam mais melhorando os resultados.

Quando uma pergunta é feita ao Watson, mais de 100 algoritmos analisam a pergunta de formas diferentes e descobrem respostas plausíveis diferentes — tudo ao mesmo tempo. Ainda assim, outro grupo de algoritmos avalia as respostas e dá a elas uma pontuação. Para cada resposta possível, Watson descobre evidências que podem apoiar ou refutar aquela resposta. A resposta melhor avaliada ganha mais confiança. A resposta com a melhor avaliação se torna *a* resposta, apesar de que durante o programa *Jeopardy!*, se a resposta melhor avaliada não tiver classificação alta o suficiente para dar confiança a Watson, ele pode decidir não a acionar, arriscando-se a perder dinheiro se a resposta estiver errada. O computador Watson faz tudo isso em cerca de três segundos. No começo de 2011, ele era bom o suficiente em descobrir as respostas certas para jogar na TV contra os antigos campeões *do Jeopardy!,* Ken Jennings e Brad Rutter. A vitória de Watson ganhou as manchetes de todo o mundo — um marco cultural. Enquanto respondia à última pista da final do *Jeopardy!*, Jennings escreveu em sua tela um comentário pesaroso: "Eu, por mim, dou boas-

-vindas aos computadores, nossos novos soberanos." Comparado com a forma como os cérebros humanos funcionam, Watson passa por um processo lamentavelmente ineficiente, que conta com a força bruta e muita energia elétrica. Buscar milhões de pedaços de informações e descobrir centenas de possíveis respostas para obter uma resposta certa é como destruir uma floresta tropical para achar uma única árvore. Ainda assim, Watson é um passo em uma progressão muito difícil em direção aos computadores semelhantes ao cérebro que conseguem fazer tarefas que permanecem fora do alcance da computação tradicional. A tecnologia de responder perguntas de Watson pode se desenvolver para lidar com diagnósticos médicos online. Em vez de procurar uma quantidade infinita de páginas sobre um estado de saúde, a pessoa poderia se conectar a um site alimentado com um programa de respostas a perguntas e digitar uma frase que descreva os sintomas. O programa analisaria os sintomas com base em toda a literatura médica atual, bem como todas as informações disponíveis sobre o paciente, para sugerir o diagnóstico mais provável — algo como o processo que aconteceria no cérebro de um médico. Imagine isso se replicando no âmbito comercial. Um comprador poderia informar, ao serviço online impulsionado pelo Watson, seu tamanho, a faixa de preço e o tipo exato de camisa branca que está procurando, e Watson voltaria com a melhor escolha, em substituição a uma página de busca com cada item marcado como "branco" e "camisa".

John Kelly, administrador da IBM Research, disse ao *The New York Times*: "Quero criar algo que possa ser incorporado em todo o segmento de varejo, na indústria de transporte, ou qualquer outra coisa. Qualquer lugar onde a hora é decisiva e é necessário ter informações avançadas e atuais para os tomadores de decisões da linha de frente. Os computadores precisam sair da fase de serem apenas máquinas calculadoras de apoio, para melhorar a inteligência das pessoas que tomam as decisões."[132]

Watson da IBM e a HTM da Numenta não são, em si mesmos, tecnologias de dois segundos de vantagem. Eles não fornecem o tipo de habilidades sob medida, práticas, em tempo real, impulsionadas pelos acontecimentos, que estão sendo implementadas por empresas como Sam's Club e Caesars Entertainment. Contudo, a IBM e a Numenta estão trabalhando para emular os processos cerebrais no programa, e esse tipo de pesquisa irá ajudar a informar e impulsionar as próximas gerações de tecnologias de dois segundos de vantagem. Quanto mais os computadores pegarem coisas emprestadas dos cérebros, mais conseguirão aprender com base em experiências. Para ficarem realmente bons em aprender, o hardware, o software, a memória e o processamento terão de se tornar a mesma coisa, da mesma forma que ocorre no cérebro — e falta muito para a tecnologia chegar nesse ponto. Por enquanto, existem apenas esses avanços fragmentados, no limite — experiências como memristores e chips neuromórficos em hardware, HTM e Watson em software.

Assim, a pesquisa está ajudando no desenvolvimento de mais computadores semelhantes ao cérebro. Está surgindo a capacidade de fazer computadores que consigam construir modelos eficientes de como as coisas funcionam, absorvam acontecimentos em tempo real e prevejam o que irá acontecer depois. Progressos em hardware e software oferecem um caminho real para escapar do gargalo de von Neumann e seguir rumo às máquinas talentosas.

Se existe um centro de gravidade para a inteligência automatizada, ele fica nos mercados financeiros. Esse é um bom lugar para observar o contraste real, ao vivo, entre os cérebros computacionais e os cérebros humanos.

A TIBCO vem tendo um papel significativo em apresentar os pregões da bolsa às informações em tempo real. No começo da década de 1980, a regulamentação do governo sobre os investidores ficou mais liberal, o desconto em corretagens reduziu as comissões e a população correu para o mercado de ações. Até meados da década, o volume da Bolsa de Valores de Nova York estava em torno de 100 milhões de transações por dia — 20 vezes o volume da década de 1960. No entanto, a tecnologia não acompanhou esse aumento, e as empresas de valores mobiliários estavam afundadas na grande avalanche de transações. Cada investidor tinha uma dúzia ou mais de telas em sua mesa, todas conectadas a fontes de dados diferentes. Em média, eram necessárias mais de 20 entradas de dados pelo teclado para registrar os detalhes de uma única compra de valores mobiliários — uma época distante do clique do mouse e muito mais de uma transação acionada automaticamente.[133]

A TIBCO desenvolveu um "bus software" para a Wall Street — um tradutor de tecnologia ao qual qualquer componente ou aplicativo poderia ser conectado. Ele permitia que várias fontes de dados fluíssem para um computador, no qual os diferentes bits de informação poderiam ser recolhidos, traduzidos em um código de software comum e apresentado aos negociantes em uma tela única. Em 1987, a TIBCO construiu um sistema de tela única para a Fidelity Investments, combinando até 25 fontes diferentes de relatos de notícias, preços, gráficos, financiamentos da empresa etc. Em pouco tempo, grande parte do setor financeiro adotou essa tecnologia, e nascia a era do tempo real. As informações públicas sobre ações e títulos ficaram disponíveis instantaneamente para qualquer computador. Se você pensar nisso em termos humanos, os computadores das firmas financeiras passaram a ter a capacidade de "ver" tudo que estava acontecendo nos mercados financeiros globais através dos dados, em uma velocidade e intensidade que os seres humanos nunca conseguiriam alcançar.

Contudo, embora tenha sido dada essa capacidade de leitura aos computadores, os mesmos não estavam processando e "pensando" sobre o que viam. Isso ainda estava sendo feito pelos seres humanos — os negociantes.

Entram os matemáticos e os engenheiros de software. Eles foram recrutados pelos financiadores para criar programas cada vez mais sofisticados que observassem os fluxos de dados e tomassem providências com base em grupos de regras. Os programas conseguiriam observar mais dados e reagir mais rapidamente que os seres humanos. O software conseguiria localizar minúsculas flutuações de ações e comercializar milhões de ações em uma fração de segundo. Algoritmos completos conseguiriam remexer os dados através de computadores cada vez mais rápidos, assumindo, de certa forma, uma vida própria. Até meados da década de 2000, o comércio algorítmico havia chegado ao mercado financeiro. Ele gerou uma quantidade grande de riqueza — foi assim que os fundos de cobertura ("hedge") ganharam bilhões de dólares por ano —, mas também mostrou sua vulnerabilidade quando tomou decisões ruins em momentos cruciais, aumentando a crise financeira do final da década de 2000.

Os sistemas de comércio desenvolveram um tipo de inteligência, mas não uma inteligência humana. Se acontecesse alguma coisa — um relatório de receitas da empresa, um atentado terrorista, o *recall* de um produto popular —, os sistemas poderiam verificar isso através dos dados, usar suas regras para fazer previsões sobre o que poderia acontecer, e fazer transações ou tomar providências. "Os tipos de estratégias de comércio que nosso sistema usa não são os tipos de estratégias que os seres humanos usam", disse Michael Kharitonov, cientista de computação e diretor-executivo da Voleon Capital Managament de Berkeley, Califórnia, à revista *Wired* em 2011. "Nós não estamos competindo com seres humanos, porque quando se transaciona milhares de ações ao mesmo tempo, tentando capturar mudanças muito, muito pequenas, o cérebro humano simplesmente não é bom nisso. Estamos jogando em um campo diferente, tentando explorar efeitos que são complexos demais para o cérebro humano."[134]

Nos mercados financeiros, a inteligência computacional está fazendo algo no qual é muito boa: complexidade e matemática. Não por acaso, nessas duas áreas o ser humano é ruim. Os computadores e seres humanos trabalham em parceria. Todavia, nesses mercados, pela primeira vez as pessoas se perguntam qual inteligência está no comando: computadores ou seres humanos? A revista *Wired* concluiu: "Agora é o mercado das máquinas: apenas negociamos nele."[135]

Ainda assim, existem habilidades importantes que escapam totalmente às máquinas. Uma é que elas não conseguem aprender de uma forma significativa qualquer. Toda a sofisticação das máquinas vem dos seres humanos, que escrevem os algoritmos e os programas. As máquinas não conseguem melhorar-se sozinhas ou decidir ir em uma direção diferente sem a ajuda de uma pessoa. Elas não conseguem usar todos aqueles dados recebidos para melhorar de maneira significativa seus modelos mentais da forma que o prefeito Menino fez com seu modelo de Boston. Não conseguem se reprogramar com base em experiências para gerar previsões ainda mais rápidas e precisas, da forma que Wayne Gretzky fazia na época em que jogava hóquei. Essa é a fraqueza fundamental das máquinas — o principal motivo pelo qual somos seus mestres (apesar do comentário de Ken Jennings), e elas ainda sejam nossas ferramentas.

Os neurocientistas e cientistas da computação estão tentando mudar isso e produzir computadores que consigam aprender — muito além do aprendizado limitado dos sistemas de corrente para a frente. Em última análise, é isso o que todos mencionaram neste capítulo, e seria o maior salto na computação desde quando pioneiros como Grace Hopper e John Backus inventaram a programação nas décadas de 1940 e 1950.

Além do aprendizado, as máquinas têm outra desvantagem. O psicólogo George Miller resumiu bem: "A conquista intelectual suprema do cérebro é o mundo real."[136] Tudo que interpretamos como mundo real não é, em absoluto, particularmente "real". É uma coleção de fenômenos quânticos malucos. Objetos, movimento, calor, luz, cachorros, gatos, bacon, Merlot, futebol — são todos uma mistura de partículas atômicas e físicas, que nossas mentes montam e atribuem propriedades. Elas não são absolutas. Henry Markram, que está construindo a simulação suíça do cérebro, disse: "Uma teoria é que o cérebro cria um modelo de universo e projeta essa versão como uma bolha ao nosso redor. Noventa e nove porcento do que vemos não é o que entra pelos nossos olhos — é o que inferimos."[137] Os computadores não conseguem ver uma estante.

Eles podem receber dados que descrevem uma estante, e talvez até entendam uma estante em nível de detalhes que os seres humanos não consigam registrar. No entanto, os computadores não sentem uma estante e sabem como ela é, ou como, por exemplo, mantém os livros suspensos no lugar em vez de deixá-los escorregar e cair no chão. Da mesma forma que os mercados financeiros, podemos acrescentar sensores e gerar fluxos de dados sobre qualquer aspecto do mundo real, mas os computadores ainda verão apenas como dados. As pessoas veem aquela coisa como uma coisa.

Um aspecto importante do mundo real é que as outras pessoas e os computadores nunca nos entenderão. As pessoas têm uma habilidade única chamada de teoria da mente. Entendemos o que outras pessoas estão fazendo porque imitamos e adivinhamos o que está acontecendo em suas mentes. Se virmos um homem caminhar até uma mulher e beijá-la, faremos algumas suposições sobre o que está acontecendo — os dois são um casal, o homem está feliz em vê-la etc. A pessoa não olha para isso em termos puramente físicos. Nesse caso, tudo que veríamos seria um homem correndo até uma mulher e seus lábios se tocando. O psicólogo Steven Pinker escreveu: "Nossas mentes explicam o comportamento de outras pessoas por suas crenças e desejos, porque o comportamento de outras pessoas é de fato causado por suas crenças e desejos. Nós, mortais, conseguimos ler as mentes de outras pessoas de maneira direta, mas queremos adivinhar com base no que elas dizem, ler por entre as linhas, o que elas mostram em seu rosto e olhos, e o que explica melhor o seu comportamento. É o talento mais notável da nossa espécie."[138]

É impossível entender e trabalhar bem no mundo real das pessoas sem ter uma teoria da mente. De fato, esta é a dificuldade com a qual se deparam as pessoas com autismo grave. Elas não conseguem imitar a mente de outras pessoas — não conseguem entender suas intenções, ações, sentimentos. Isso os deixa trancados em suas próprias mentes. Assim como Stephen Wiltshire, o artista savant dos primeiros capítulos deste livro, uma pessoa autista pode ter excelentes ferramentas mentais, e até programas capazes de façanhas incríveis, entretanto, sem uma teoria da mente, fica muito prejudicada ao lidar com o mundo em escala mais ampla.

A menos que os computadores tenham, de fato, uma mente humana, não é provável que eles algum dia imitem a mente humana. Digamos que os cientistas consigam construir um computador que possa aprender, reconectar-se, construir modelos eficientes e fazer previsões excelentes, ficando muito próximo de copiar o método de operação do cérebro humano. O computador ainda não terá um cérebro humano e, por isso, não entenderá as pessoas ou o mundo humano. O computador pode ultrapassar muito as habilidades humanas, como os computadores de transações financeiras. No entanto, eles basicamente serão autistas. Acabaremos fazendo computadores autistas savant.

O futurista Ray Kurzweil e outros descrevem uma "singularidade" — uma época em que os computadores conectados do mundo coletivamente se tornem mais inteligentes e, supostamente, assumam o controle.

"Não haverá distinções, após a Singularidade, entre pessoas e máquinas", escreveu Kurzweil.[139] Sua data prevista de singularidade é 2045, quando ele espera que as inteligências baseadas em computadores ultrapassem significativamente a soma total da capacidade mental humana. É a história do Exterminador do Futuro com um pouco mais de plausibilidade. Contudo, mesmo a singularidade perde a teoria da mente. Os computadores podem algum dia criar sua própria versão da realidade, e talvez essa versão possa ameaçar a realidade humana, mas não dominarão a nossa realidade, a não ser que, de alguma forma, as máquinas façam como Pinóquio e tornem-se, de verdade, humanas.

Em vez de nos sentirmos ansiosos a respeito de máquinas semelhantes ao cérebro, seria mais sábio que a sociedade as adotasse. Essas máquinas ainda são nossas ferramentas, mesmo em Wall Street, onde as pessoas podem escrever regras e regulamentos novos e fazer as máquinas se conformarem a elas, alterando seu hardware e software. As máquinas estão começando a ajudar a polícia a impedir crimes, dar às empresas uma forma de fazer os clientes felizes, salvar a vida de bebês prematuros e melhorar o trânsito nas cidades. Os estudos de caso sobre os quais escrevemos são apenas o começo. Uma vitória do computador em *Jeopardy!* é basicamente um momento de surpresa em meio ao caminho para algo maior. Computadores armados com apenas um pouco de talento preditivo já podem resolver problemas interessantes e mudar a forma pela qual as empresas trabalham. Em um futuro não tão distante, as máquinas talentosas podem se tornar servas supercapazes, ajudando-nos a consertar alguns dos maiores problemas do mundo. Os dois segundos de vantagem são muito mais que transmitir uma tendência de tecnologia. São um grande salto na evolução das máquinas e no seu relacionamento com a raça humana.

PARTE III

DOIS SEGUNDOS DE VANTAGEM

Dois Segundos de Vantagem e um Mundo Melhor

Em 24 de outubro de 1907, uma carruagem levada por um cavalo branco passou por uma multidão que havia se reunido na esquina entre as ruas Wall e Broad, em Nova York. Ela parou em frente aos escritórios de granito da J. P. Morgan & Co., e o financista enérgico, de nariz em pé, J. P. Morgan, saiu da carruagem e entrou no prédio enquanto a multidão se esticava para vê-lo. Os mercados financeiros dos Estados Unidos estavam em crise há dias. Assustados com uma tentativa mal sucedida de dois homens para monopolizar o mercado de cobre, os investidores entraram em pânico, fazendo a Bolsa de Valores de Nova York entrar em queda livre. Amedrontadas, as empresas e pessoas físicas sacavam seu dinheiro dos bancos, o que causou insolvências de instituições financeiras, o que, por sua vez, assustou ainda mais pessoas, que também passaram a retirar seu dinheiro. Quando Morgan chegou ao seu escritório naquele dia, havia muitos homens que lhe pediam para fazer alguma coisa que salvasse as empresas do setor financeiro.[140]

Isso ocorreu antes de os Estados Unidos terem um banco central forte. O Federal Reserve ainda não havia sido criado. Foi Morgan, um banqueiro particular, que teve de assumir o controle. Ele prometeu injetar milhões de dólares do seu próprio bolso no sistema, na forma de empréstimos. Fez o secretário do Tesouro dos Estados Unidos oferecer $25 milhões para aumentar a liquidez do sistema, e convenceu alguns dos homens mais ricos do país, incluindo John D. Rockefeller, a depositar outros milhões de dólares nos bancos. Até o meio da tarde, a bolsa de valores ameaçava fechar mais cedo, para tentar conter uma queda livre generalizada dos preços das ações e a súbita quebra das firmas de corretagem. Morgan insistiu que o mercado ficasse aberto até a hora em que costumava fechar, às 15h. Quando o mercado conseguiu operar até o final do expediente normal, um estrondo de gritos e euforia podia ser ouvido do pregão. Morgan impediu um desastre completo, apesar de não ser uma vitória total. A economia entrou em recessão profunda em 1908.

O pânico de 1907 reverberou no sistema político dos anos seguintes, levando ao Federal Reserve Act de 1913, que estabeleceu o Fed, um banco central quase como um governo paralelo, com a tarefa de "fornecer uma moeda elástica, proporcionar meios de redescontar papéis comerciais, estabelecer uma supervisão mais efetiva da atividade bancária nos Estados Unidos e outras finalidades", de acordo com a lei. Durante a maior parte do século XX, o Fed cumpriu essas tarefas com variados graus de sucesso — desastrosamente na década de 1930 e de maneira respeitável nos últimos 20 anos do século passado.

Entretanto, no outono de 2007, o Fed entrou em apuros. Quase exatamente 100 anos após o ato heroico de Morgan, a pior crise em uma geração assolou os mercados financeiros americanos e danificou de maneira severa os mercados em todo o mundo. Essa crise foi deflagrada pela explosão da bolha no setor imobiliário americano. As reverberações desmoronaram as posições arriscadas das instituições financeiras e causaram uma crise de liquidez, forçando grandes socorros financeiros por parte do governo para impedir que o mercado financeiro ruísse completamente. Quando este livro foi escrito, em 2010 e 2011, as economias mundiais ainda estavam se recuperando dessa desordem.

Uma das coisas mais surpreendentes sobre a grande crise sistêmica de 2007 é que o Federal Reserve não a previu — pelo menos não com clareza suficiente para afastar o país, de maneira preventiva, do desastre. O Fed e seu presidente, Ben Bernanke, foram criticados desde então por políticos e especialistas, e alguns até sugeriram que o Fed fosse abolido. Deixando de lado argumentos políticos, o que está claro é que o Fed opera, *em termos tecnológicos,* como uma entidade do século XX. Ele conta com enormes quantidades de dados oferecidos em lotes, que informam aos seus dirigentes as condições econômicas no passado recente, mas não no presente ou futuro próximo. A tomada de decisões do Fed, pelos padrões do século XXI, é lenta e reativa, como virar o volante do carro após atingir um buraco. Após o pânico de 1907, o mundo percebeu que precisava de uma forma nova de ficar de olho na economia, porque as antigas claramente já não funcionavam mais — a economia havia ficado complexa demais para o sistema que estava em vigor. Após a crise de 2007, pode-se chegar à mesma constatação. O mundo precisa de uma nova maneira de observar e fazer ajustes na economia.

Algumas pessoas podem dizer que a solução é aprovar leis que eliminem ou reformulem o Fed. Contudo, aqui está uma ideia que talvez seja mais prática: dar a ele uma tecnologia de dois segundos de vantagem.

Em linhas gerais, o trabalho do Fed é assegurar uma temperatura agradável na economia, para que inflação e nível de emprego fiquem dentro de uma faixa aceitável. (Queremos um pouco de inflação, mas não demais, e um pouco de desemprego, mas não demais.) Como o Fed faz isso? Quase sempre, há reuniões oito vezes por ano para decidir pelo aumento ou diminuição das taxas de juros. Ele nunca altera as taxas menos de um quarto de ponto de porcentagem (também conhecido como 25 pontos básicos). As taxas em crescimento tendem a tirar dinheiro da economia e desacelerar as coisas, enquanto que baixar as taxas libera dinheiro e geralmente estimula a economia.

Como o Fed obtém informações sobre o estado da economia para que os governantes possam tomar essas decisões fundamentais sobre a taxa de juros? Seis semanas antes de cada reunião do Fed, seus bancos regionais pesquisam uma certa quantidade de empresários e banqueiros em suas regiões. Eles também reúnem números sobre as condições econômicas da área e consolidam todas essas informações em um relatório chamado Beige Book, que é encaminhado para os dirigentes do Fed. Quando essas informações chegam ao Fed, já estão desatualizadas.[141] Elas descrevem o que já aconteceu, semanas ou meses antes. A mesma coisa ocorre com a maior parte das informações que podem influenciar o Fed: estatísticas sobre o nível de confiança do consumidor, taxas de desemprego, registros das fábricas, vendas domésticas etc. Todos esses relatórios contêm informações sobre o passado. Pode-se dizer que as únicas informações em tempo real que o Fed vê são as cotações da Bolsa.

Se um indivíduo usasse a abordagem do Federal Reserve para assegurar uma temperatura adequada em sua casa, teria que ligar e desligar o aquecedor oito vezes por ano, geralmente aquecendo a casa em excesso ou de modo insuficiente. Isso não funciona muito bem para o Fed desde o final da década de 1990. Os Estados Unidos passaram por uma enorme expansão das empresas que fazem negócios utilizando a internet, seguida por uma violenta queda, depois por uma expansão igualmente grande dos negócios imobiliários, e um subsequente e colossal desastre financeiro do segmento imobiliário.

Então, como o Fed poderia trabalhar melhor em plena era da tecnologia de dois segundos de vantagem? Comece com os sistemas algorítmicos de transações discutidos no capítulo anterior. Esses sistemas sempre observam fluxos de dados, em tempos reais, de várias fontes — preços de ações, títulos, commodities e moedas, mas também notícias de fontes como Bloomberg e Reuters. Eles colocam esses dados em modelos que preveem para onde determinados investimentos estão indo, e tomam providências na forma de transações, todas sem intervenção humana. Se os sistemas privados podem observar esses fluxos de dados e gerar previsões instantâneas sobre onde as coisas estão se dirigindo, o Fed também pode. De fato, o Fed pode ter o direito de ir ainda mais longe, utilizando diferentes sistemas de transações algorítmicas privadas — para que consiga ver o que eles estão vendo e fazendo.

Além disso, o Fed poderia ter acesso a fluxos de dados que não chegam aos sistemas de Wall Street. Falamos nos capítulos anteriores a respeito do monitoramento das compras de membros individuais do Sam's Club, e sobre ser capaz de prever com grande precisão o que eles irão comprar depois de determinado intervalo de tempo. O Fed poderia explorar isso, em tempo real, e sempre ter uma ideia do que os consumidores estão para comprar — ao invés de estudar o que eles compraram há semanas ou meses. A Xcel Energy e outras empresas públicas estão investindo cada vez mais em sistemas inteligentes que fazem leituras em tempo real e preveem o uso da energia, o que pode ser um indicador econômico. A Federal Express conta com um sistema em tempo real sofisticado que sempre sabe quantos pacotes estão indo para quais cidades, o que pode se constituir em um barômetro constante das economias regionais. Intel, Ford, Wal-Mart, Dell e muitas outras empresas empregam sistemas que mostram em tempo real os dados de fabricação e vendas. Ao longo da próxima década, a maior parte da economia estará funcionando com sistemas preditivos e em tempo real.

O Fed poderia observar tudo isso — de maneira constante. Poderia ver a economia dos Estados Unidos da mesma forma que Wayne Gretzky vê um jogo de hóquei em curso: milhares de fatores capturados, processados e entendidos imediatamente. E, como Gretzky, os sistemas do Fed poderiam ver padrões e fazer previsões. Todavia, é importante deixar claro que, se o Fed irá governar a economia da forma que Gretzky joga hóquei, a instituição não pode se reunir oito vezes por ano e tentar prever o que irá acontecer na economia nos próximos meses. E não pode ajustar as taxas de juros por 25 pontos básicos, ou mais, o que em termos de taxas de juros é um movimento muito grande. Em vez disso, teria de transferir o poder de ajustar as taxas para seu sistema preditivo, que poderia ajustar as taxas *o tempo todo*. Em vez de tentar orientar a economia com ações longas e abrangentes baseadas em adivinhações de longo prazo sobre as condições econômicas, o Fed iria dirigir a economia fazendo previsões constantes em prazo muito curto e altamente precisas sobre as condições econômicas, podendo ajustar as taxas em tempo real apenas um centésimo de ponto de porcentagem.

Isso não significa entregar completamente a política econômica às máquinas. Significa, de fato, que os dirigentes do Fed estariam livres para se concentrar na política econômica geral e deixar o trabalho sujo de ajustar as taxas de juros para as máquinas. Os dirigentes decidiriam as regras que as máquinas deveriam seguir. Qual quantidade de inflação queremos? Que tipo de mercado interno? Quanta especulação nos mercados? E sem dúvida os dirigentes poderiam desligar as máquinas, tirando-as da tomada se algo der errado ou tomar providências extremas em uma emergência.

O sistema seria transparente. Não haveria mais necessidade de adivinhar se a taxa dos fundos federais iria subir ou descer na próxima reunião do Fed. As taxas sempre mudariam, e qualquer pessoa seria capaz de ver essas mudanças e segui-las em uma tela de computador, da mesma forma que os investidores podem seguir o Índice Industrial Dow Jones ou o rendimento das letras do Tesouro.

O Fed poderia recolher e ver os dados em tempo real de várias fontes — firmas de Wall Street, varejistas, fabricantes, empresas de transporte — usando a tecnologia disponível hoje. Isso seria um começo — pelo menos quando o Fed se reunisse, seria possível ter um retrato do que estava acontecendo naquele momento, não refletir sobre os acontecimentos de seis semanas antes. Escrever os algoritmos e construir um modelo que pudesse dizer a esse sistema como ver a economia como um todo, fazer previsões e tomar providências seria difícil e levaria tempo. Contudo, se os matemáticos podem fazer isso para os fundos hedge, podem fazer uma versão mais complexa para o Fed.

Construir um sistema que pudesse realmente observar a economia, aprender o que ela faz e, a partir disso, fazer previsões ainda mais precisas — é algo que ainda está acontecendo nos laboratórios. Isso provavelmente exige uma computação pós-von Neumann: processamento paralelo, adaptável para que possa se autoconectar (como os chips neuromórficos), programas hierárquicos (como a HTM do Numenta). Essas coisas não estão apenas em nossos sonhos. É algo que será real em uma década mais ou menos.

A maior barreira de todas provavelmente seria a própria ideia de ceder às máquinas o que parece ser a função principal do Fed. Contudo, tagarelar sobre as taxas de juros oito vezes ao ano *não* é a função principal do Fed. De acordo com o que o Federal Reserve Act diz, o Fed existe para "fornecer uma moeda elástica, proporcionar meios de redescontar papéis comerciais, estabelecer uma supervisão mais efetiva da atividade bancária nos Estados Unidos e outras finalidades". Os ajustes nas taxas de juros são uma ferramenta — embora importante — que o Fed pode usar para executar seu verdadeiro trabalho de se certificar de que a economia funcione de forma suave e efetiva. As máquinas que constantemente leem a economia e ajustam as taxas serão capazes de automatizar essa ferramenta e utilizá-la de maneira mais eficiente. E as máquinas serão capazes de acompanhar as máquinas já implementadas pelas empresas financeiras. Esperamos que, até lá, as máquinas do Fed tenham mais chances de impedir que as de Wall Street nos levem para outro ciclo de expansão e declínio.

A tecnologia de dois segundos de vantagem está chegando. Esses sistemas, impulsionados pelos acontecimentos, conseguem formar modelos analisando grandes quantidades de dados, porém, não contam com o acesso a esses dados o tempo todo. Ao se apropriar da forma como o cérebro humano funciona, esses sistemas são preditivos — captam eventos em tempo real, preveem o que está para acontecer, e tomam providências ou enviam um aviso sem a intervenção humana. Eles funcionam com base na ideia de que um pouco de informações certas com um pouco de antecedência é algo mais importante que pilhas de dados que chegam tarde demais.

Conforme a tecnologia permite que os computadores funcionem de forma mais semelhante ao dispositivo de previsão nos neocórtex humanos, os novos sistemas de computador ficarão cada vez mais "talentosos" — talvez não exatamente como o talento humano, mas no sentido de serem capazes de fazer previsões melhores e mais rápidas que os sistemas concorrentes.

A tendência rumo aos sistemas talentosos irá continuar e ganhar força — porque tem de ser assim. Os sistemas de computador que usam a tecnologia do século XX — sobre a arquitetura de von Neumann — acompanham cada vez menos as enxurradas de informação e ritmo instantâneo da década de 2010 em diante.

Dirigentes inteligentes já planejam essa transição. Eles perceberam que a tecnologia de dois segundos de vantagem pode levar a uma reavaliação da forma como administram as empresas e trabalham. Essa será uma mudança importante durante a próxima década. As empresas que não se beneficiarem da vantagem do salto para uma tecnologia inteligente e preditiva serão consideradas tão ultrapassadas como um estúdio de cinema mudo após o advento dos filmes falados.

Em um futuro mais imediato, a tecnologia de dois segundos de vantagem pode ajudar a resolver alguns problemas de informação fundamentais. Um deles é a luta global contra o terrorismo.

No início deste livro, relatamos o frustrado atentado a bomba de Umar Farouk Abdulmutallab, no voo 253 da Northwest no natal de 2009. Diversas informações, inseridas em sistemas de computador separados, poderiam ter feito as autoridades impedirem Abdulmutallab de entrar no avião, caso estivessem em condição de serem reunidas e entendidas por qualquer instituição. Abdulmutallab havia prolongado demais seu visto no Iêmen (para ir a uma sessão de treinamento da al Qaeda). Seu pai alertou a embaixada dos Estados Unidos na Nigéria sobre seu filho. Abdulmutallab havia pago $2.831 em dinheiro por uma passagem aérea para Detroit, onde não tinha parentes. As autoridades britânicas já haviam negado um visto a ele. Vários informes estavam presentes em todo o mundo. Em termos individuais, não tinham muito significado. Juntos, sugeriam um radical potencialmente perigoso.

Uma história semelhante poderia ser contada a respeito da tentativa de Faisal Shahzad de explodir um carro-bomba no meio da Times Square, em Nova York, em 1° de maio de 2010. A cidade tem 82 câmeras de vigilância apontadas para a Times Square, e várias podiam captar um veículo de movimentação suspeita que entrou na área cheia de turistas e parou em uma zona de estacionamento proibido. No entanto, se ninguém estivesse observando a câmera que filmou o veículo — o que, aparentemente, foi o caso — as imagens das câmeras cairiam no vazio. Shahzad, que morava com a esposa e o filho nos Estados Unidos, havia viajado no início do ano, com a família, para o Paquistão, lá ficando por cinco meses, e depois voltou para os Estados Unidos sozinho — informação que poderia dar motivos extras para vigiá-lo. O carro que ele estava dirigindo tinha placas de licenciamento adquiridas ilegalmente e incongruentes com as características do veículo. Ele fez chamadas de celular para um número que estava no banco de dados do Departamento de Segurança Interna no grupo de números possivelmente associados ao terrorismo. Todas essas informações continuaram separadas. Elas não faziam sentido algum — até que o atentado a bomba falhou e os investigadores humanos começaram a juntar as informações.

As organizações antiterrorismo poderiam trabalhar de maneira diferente se empregassem a tecnologia de dois segundos de vantagem. Os dados de dezenas ou centenas de fontes diferentes poderiam ir para o mesmo sistema. Os analistas poderiam trabalhar com programadores ou matemáticos para desenvolver regras sobre o que vigiar nos fluxos de dados e como construir modelos de cada pessoa suspeita — não muito diferente de como o Sam's Club construiu modelos de cada membro que tinha cartões, exceto que os suspeitos de terrorismo não conseguem optar por não participar. Quando o sistema constrói seu modelo, começa a ver padrões que o permitem fazer previsões. Se um homem ficasse algum tempo no Iêmen, depois houvesse outras informações suspeitas — como o pai avisar as autoridades da embaixada — e em seguida pagasse uma passagem aérea para os Estados Unidos em dinheiro, o modelo poderia correlacionar essa atividade com alguém que tinha grande probabilidade de fazer algo violento, não permitindo que essa pessoa embarcasse.

Talvez cada uma dessas atividades em si não significasse muito, e mesmo um analista humano pode nunca entender a forma pela qual determinadas atividades apontam determinadas previsões. Todavia, isso não é muito diferente de saber que, se um membro do Sam's Club compra fraldas, uma máquina de café e um pacote de carne, ele provavelmente irá comprar uma TV de tela grande no mês seguinte. A tecnologia pode fazer isso hoje e ficará muito mais sofisticada nos próximos anos.

A tecnologia de dois segundos de vantagem também pode ajudar a prevenir um tipo diferente de crise mortal: uma pandemia de gripe. A estratégia por trás de impedir que o ataque de uma gripe perigosa e altamente contagiosa se torne uma pandemia global é bem parecida com impedir que um incêndio florestal se espalhe. As autoridades primeiro têm de localizar o ataque, em seguida combatê-lo onde está acontecendo, e vacinar todas as pessoas. Os ataques irão acontecer, mas se eles puderem ser contidos, serão muito menos destrutivos. Da mesma forma que os incêndios florestais, quanto mais cedo um surto de gripe for identificado, mais fácil será contê-lo.

As comunicações modernas sem dúvida tornaram o rastreamento da gripe mais fácil do que antes. Os médicos no mundo todo relatam casos de gripe para a Organização Mundial da Saúde, que em 2009 começou a inserir as ocorrências confirmadas em um mapa na internet, para todas as pessoas tomarem conhecimento. Contudo, a filtragem dos relatórios dos médicos na burocracia da OMS não representa exatamente informações em tempo real ou preditivas. Tem-se tão somente uma ideia de onde a gripe está com dias ou semanas de antecedência. Na época em que o surto é observado em uma região, é bem possível que as pessoas daquela área já tenham embarcado em aviões e ido para vários países, sem saber que estão contaminados e transportando o vírus para outros lugares.

Em 2009, o Google criou uma forma nova e interessante de observar ataques de gripe, que se aproxima mais do tempo real. Conforme a empresa já percebeu há anos, os termos de busca relacionam-se aos acontecimentos na vida de uma pessoa. As pessoas que buscam termos como "filhotes que destroem a casa" provavelmente têm cães. Pessoas que buscam informações sobre imóveis provavelmente estão querendo se mudar. E pessoas que digitam termos como "gripe", "vacina" e "febre" geralmente estão gripados ou cuidando de alguém nessa condição. Ao selecionar e fazer a triagem de bilhões de solicitações de busca por local, o Google consegue criar um mapa, atualizado constantemente, que mostra os prováveis locais da gripe. "Comparamos nossas contagens de solicitações com sistemas tradicionais de vigilância de gripe e descobrimos que muitas buscas tendem a ser populares exatamente quando a estação da gripe está acontecendo", postou em seu blog o ramo filantrópico Google.org, do Google. "Ao contar a frequência com a qual vemos essas solicitações, conseguimos estimar a quantidade de casos de gripe circulando em diferentes países e regiões em todo o mundo."[142] O Google publicou um artigo sobre o método na prestigiada revista científica *Nature,* mas observou que para reportar a atividade da gripe de maneira precisa, o mapa atrasava as buscas em torno de um dia. E, conforme pode-se esperar, o método do Google de rastrear a gripe só funciona em partes do mundo onde muitas pessoas usam o Google — o que engloba principalmente países desenvolvidos.[143] Ainda assim, a empresa já deu um passo — solicitações de busca são fontes de informação em tempo real sobre a atividade da gripe.

F. Hoffmann La Roche, a gigante suíça da área farmacêutica, geralmente denominada Roche, tem suas próprias formas de vigiar surtos de gripe. Ela tem um grande interesse em prever o local e o tamanho dos ataques porque produz Tamiflu, o medicamento antiviral mais frequentemente usado para impedir que os ataques se espalhem e causem mortes. O Tamiflu apresenta um desafio particular. O ingrediente primário é o ácido chiquímico, que vem da estrela de anis, uma especiaria achada no fruto em forma de estrela de uma pequena árvore perene encontrada quase exclusivamente na China, colhido entre março e maio. A fabricação do Tamiflu exige um processo de dez passos que envolve fermentação e demora de seis a oito meses para ser concluído. Em outras palavras, não há como a Roche de repente aumentar a produção para responder a uma epidemia de gripe inesperada. Ela precisa ser preditiva. A empresa construiu um sistema em uma plataforma de processamento de eventos que rastreia informações de gripe de fontes muito diferentes em todo o mundo, sempre combinando dados recebidos com modelos de antigas epidemias de gripe. O sistema não apenas ajuda a Roche a saber a quantidade de Tamiflu que irá produzir, mas também para onde mandar os suprimentos existentes. Se a empresa tem um depósito de Tamiflu no Canadá, mas o surto ocorre no Vietnã, pode movimentar os suprimentos para impedir que o vírus se espalhe.

Nenhuma dessas abordagens — o banco de dados da OMS, a observação dos termos de busca do Google, o preditor de demanda de Tamiflu da Roche — em si, dá às autoridades de saúde do mundo dois segundos de vantagem sobre uma mutação destruidora do vírus da gripe, que poderia matar milhares ou milhões de pessoas. Em última análise, precisamos detectar um padrão um pouco antes da gripe ter a chance de se estabelecer e extrapolar uma pequena área geográfica. A OMS poderia ir para essa direção hoje. A solução é recolher todos os acontecimentos possíveis de todas as fontes possíveis e observar a saúde do mundo da forma que os computadores de transações algorítmicas observam os mercados. A OMS não apenas obteria os dados dos profissionais de medicina mundo afora, mas também observaria os termos de busca — não apenas do Google, mas de dispositivos de busca e sites de saúde de todo o planeta. Esse sistema também poderia incorporar fluxos de dados de empresas como a Roche, que tem interesse em prever os ataques de gripe. Quanto mais fluxos de fontes diferentes, melhor. Essa massa de informações, então, seria inserida em um modelo ágil que procuraria imediatamente os padrões, talvez sabendo que se ele vir algo do Google, outro da Roche e outros dados sobre quantas pessoas visitaram determinada clínica médica, há uma grande possibilidade de ocorrer surto de gripe em determinada região.

Esse tipo de saúde global preditiva ficará ainda melhor conforme a saúde pessoal se tornar mais monitorada. Leve em consideração o que está sendo desenvolvido pela Sisters of Mercy Health System, uma rede de 26 hospitais sem fins lucrativos e 1.300

médicos sediada no centro oeste dos Estados Unidos. Em 2007, a Mercy começou a implementar em seus hospitais o monitoramento de pacientes em tempo real, em determinadas categorias de pacientes que recebiam alta dos hospitais e precisavam ser observados ou tinham doenças crônicas como diabetes. Como a abordagem centrada na pessoa da USCIS, descrita anteriormente, o sistema Mercy tem uma abordagem centrada no paciente. Um paciente com doença crônica pode usar um dispositivo sem fio que capta sinais vitais, como frequência cardíaca e pressão sanguínea, e constantemente os envia para o sistema Mercy.[144] As informações de outras fontes sobre aquele paciente — resultados de laboratório, receitas médicas, anotações de médicos pessoais — são recolhidas por meio de um "bus software" e examinadas pelo programa da Mercy. O sistema também tem o prontuário médico eletrônico do paciente, para que saiba do histórico dele e consiga usar essa informação para construir um modelo. Esse programa tem um conjunto de regras para cada paciente individual e observa os dados sobre ele, analisando sempre os padrões. John Conroy, diretor de desenvolvimento de aplicação da Mercy, disse: "Se você é diabético, e sua glicose chega a um determinado nível com a pressão sanguínea aumentada, isso pode representar um alerta amarelo. Em uma fração de segundo, se a pressão sanguínea aumenta ou a temperatura da pele muda, isso é detectado." Se o sistema percebe um problema, envia alertas para os médicos apropriados. Conroy disse que o sistema está identificando uma média de 200 pacientes por mês que precisavam de algum tipo de intervenção imediata para terem suas vidas salvas.[145]

No nível empresarial, a Sisters of Mercy desenvolveu um sistema inicial de dois segundos de vantagem. Ela colocou em ação tecnologia moderna em tempo real que absorve dados de muitas fontes, observa-os por meio de um modelo de cada paciente que diz aos médicos quanto o paciente está para ter um problema — em vez da alternativa na qual o médico acaba reagindo a um paciente após a condição de saúde desse paciente alcançar proporções de emergência.

No entanto, em um nível mais alto, a Mercy está à frente na área de tecnologia de cuidados de saúde. Os hospitais e sistemas médicos estão implementando cada vez mais esse tipo de tecnologia de monitoramento, reunindo fluxos de dados intrincados em tempo real sobre milhões de pessoas. Imagine uma organização global como a OMS explorando essas informações — da Mercy e de centenas de outros sistemas semelhantes em tempo real. A OMS poderia procurar padrões nos indivíduos que sinalizem a influenza. Poderia sinalizar que indivíduos estavam ficando gripados antes mesmo de se darem conta. Agora imagine a OMS juntando esses dados com as buscas da internet e sistemas preditivos das empresas, aprendendo padrões que se reúnem sempre que uma gripe perigosa está para atingir um centro populacional.

A ciência médica não é capaz de achar uma forma de erradicar ou matar os vírus — nem mesmo o resfriado comum, muito menos uma gripe fatal. Contudo, a tecnologia de dois segundos de vantagem pode ficar sofisticada o suficiente para localizar um foco de gripe a tempo de evitar que se transforme em um surto de maiores proporções. Ao enviar rapidamente as vacinas para o lugar certo e isolar a área, as autoridades médicas poderiam impedir que os vírus da gripe mais contagiosos ameaçassem a população mundial. A OMS poderia prever pandemias e impedir que elas voltassem a acontecer.

Em novembro de 2010, um novo grupo de proprietários assumiu o Golden Gate Warriors, um time de basquete sediado em São Francisco. Alguns dos novos donos eram o produtor de filmes Peter Guber, o investidor do Vale do Silício Joe Lacob, a investidora de imóveis Erika Glazer e o coautor deste livro, Vivek Ranadivé, que hoje em dia é vice-presidente do time. Como se pode imaginar, temos algumas opiniões sobre o que a tecnologia de dois segundos de vantagem pode fazer para uma franquia da NBA.

Os programas de esporte de alto nível são usuários muito agressivos da tecnologia. Nos capítulos anteriores deste livro, descrevemos como o time de beisebol San Francisco Giants usa o Sportvision para rastrear e analisar o que acontece durante um jogo, e escrevemos sobre a tecnologia que permite aos técnicos de natação rastrear e analisar os movimentos dos nadadores em tempo real conforme eles se movimentam na raia. A Conferência de Analítica de Esportes Sloan transformou-se em um evento significativo no Instituto de Tecnologia de Massachusetts, frequentada por dirigentes e técnicos dos esportes mais populares. A conferência tem tudo a ver com usar a tecnologia da informação para ter vantagens em competições. Desde meados da década de 2000, os times da NBA têm usado cada vez mais a análise estatística para, por exemplo, ajudar os jogadores a saber em qual lugar da quadra jogar com níveis mais altos de precisão. Do ponto de vista empresarial, os times exploram os bancos de dados para ajudar a comercialização de ingressos e a propaganda.

Quase toda a analítica usada em esportes no ano de 2011 conta com a tecnologia conservadora. Baseia-se na ideia do século XX de usar informações antigas para tentar prever acontecimentos com semanas ou meses de antecedência. Observamos uma nova geração de tecnologia surgindo para os esportes — aquela que constrói modelos, capta os acontecimentos em tempo real e faz previsões imediatas sobre o que está para acontecer. A tecnologia não irá criar um Gretzky robótico (ou, de forma mais correta para o basquete, um Michael Jordan, que, sem dúvida, tem um modelo preditivo do jogo enormemente compacto em sua mente), porém, com certeza poderia ajudar os técnicos e dirigentes.

Vamos começar pela quadra. Em um esporte de fluxo livre e ritmo rápido como o basquete, como um time pode usar informações em tempo real sobre os acontecimentos que se desenrolam durante um jogo? Uma empresa recém-criada chamada Krossover, com sede na cidade de Nova York, pode nos dar uma ideia do que está por vir. Ela criou uma tecnologia que permite que um time faça o upload do vídeo de um jogo para um site da Krossover. Os funcionários da empresa, usando uma interface semelhante à do jogo, assistem à partida e marcam cada acontecimento — cada cesta, roubada de bola, falta, assistência etc. As etiquetas ligam o acontecimento ao jogador, ao tempo no relógio e ao local na quadra onde aconteceu. Quando o vídeo marcado e o banco de dados voltam para o time, o técnico consegue procurar cada jogada que determinado jogador perdeu ou estudar a porcentagem de jogadas feitas de diferentes lugares da quadra. Nessas condições, a Krossover apenas consegue analisar o vídeo carregado no site após o jogo, marcado por funcionários humanos. O diretor executivo Vasu Kulkarni explicou que a tecnologia de reconhecimento de imagens ainda não é boa o bastante para automatizar o processo. No entanto, ele imagina que em breve ela estará disponível — uma tecnologia que permita aos computadores observar um jogo em curso e identificar acontecimentos distintos, sabendo a diferença entre uma cesta e um erro em tempo real. O objetivo para serviços semelhantes ao da Krossover é ter uma tecnologia que consiga observar os jogos conforme se desenrolem e marcar os acontecimentos de maneira imediata.

Ao combinar esses eventos com as estatísticas antigas que os times armazenaram em seus bancos de dados, um sistema de dois segundos de vantagem poderia começar a organizar padrões sobre o time — e fazer o mesmo com os times adversários — criando modelos que pudessem captar os eventos e fazer previsões imediatas.

De que modo isso poderia ser útil? Técnicos experientes da NBA já viram jogos suficientes ao longo dos anos para terem organizado modelos preditivos em suas mentes, mas estão ocupados durante o jogo, processando uma tonelada de informações sobre seus jogadores, administração do tempo, juízes e estratégias. Então, digamos que um assistente do técnico esteja carregando um iPad com conexão sem fio ao sistema de dois segundos de vantagem da equipe. O sistema organizou padrões sobre o time adversário e rastreou o jogo atual, observando um padrão que surge para o final do jogo: com o tempo se esgotando, perdendo por dois pontos e enfrentando determinado tipo de defesa, seu melhor arremessador se desloca para a direita e posiciona-se em seu local favorito logo além da linha dos três pontos, pronto para receber um passe e tentar encestar para vencer o jogo. Em outras palavras, o sistema poderia fazer uma previsão do que está para acontecer no jogo com base em acontecimentos em tempo real — e indicar isso para o assistente do técnico que está olhando para o iPad. O assistente do técnico poderia então contar ao técnico o que o sistema reportou. O time poderia fazer um pedido de tempo, reunir os jogadores, dizer a eles o que esperar e orientá-los para defender aquele local na quadra e forçar um resultado diferente. Esse é um grande exemplo de como um pouco das informações certas com um pouco de antecedência podem ser mais importantes que muitas informações tarde demais. Durante um jogo, o técnico ficaria sobrecarregado com um relatório detalhado que o informasse sobre todas as tendências do principal jogador do outro time. O que ele de fato precisa saber é o que o jogador irá fazer em seguida, naquele jogo, para que seu time possa tentar conter a jogada.

Em outra linha de frente, todos os anos os dirigentes da NBA passam por um ritual familiar: as contratações. Eles se revezam ao solicitar os direitos sobre jovens jogadores de todo o mundo, e talvez essa etapa determine o futuro da equipe mais do que qualquer outra questão. Os riscos são imensos. Os dirigentes seriam tolos em não utilizar toda e qualquer tecnologia que os ajudasse a fazer as melhores escolhas. Eles usam a analítica para escolher e classificar os possíveis convocados por todos os tipos de medidas. Imitam cenários hipotéticos antes da convocação, estudando quem estará disponível e quais escolhas fazer dependendo de quem for selecionado nos estágios anteriores. Os dirigentes preparam a convocação. Contudo, conforme os eventos se desenrolem no dia da convocação, eles basicamente têm que contar com os modelos que trouxeram consigo. A tecnologia de dois segundos de vantagem lidaria com essa situação de maneira diferente. Ela construiria modelos com base em experiências anteriores na convocação, e então estaria pronta para responder a acontecimentos em tempo real no dia da convocação, fazendo previsões sobre o que provavelmente aconteceria com base no que estava ocorrendo bem naquela hora. Isso daria aos dirigentes dos times uma pequena vantagem no importante processo de escolher futuros jogadores.

Em termos empresariais, dois segundos de vantagem trarão alguns benefícios que já ajudam empresas como a Harrah's e o Sam's Club. Para um time de basquete, um comprador de ingresso da temporada é como alguém que se associa a um programa de recompensas — um fã dedicado que fica feliz por se associar a um contato personalizado. Uma ideia é dar a eles um cartão de fidelidade, ou construir um sistema que permita que o ingresso de cada jogo se torne um cartão de fidelidade, que o comprador escanearia ao fazer qualquer tipo de compra em um jogo — ou, entre os jogos, no site do time. Após recolher por algum tempo os dados sobre as ações dos compradores de ingresso da temporada, o sistema construiria um modelo de cada comprador de ingresso. Ao notar o tamanho das roupas do Warriors que a compradora de ingressos Martha compra, o sistema poderia concluir que ela tem um filho pequeno — que irá crescer. Então, seis meses depois, poderia ser oferecido a ela um desconto em um item que tenha um tamanho maior do que aquele que ela já comprou. Ou o comprador de ingressos Joe poderia ter o hábito de comprar uma fatia de pizza no quarto tempo, assim, ele aparentemente está com fome. Durante determinado jogo, a pizza está quase esgotada, mas a equipe está observando uma alta no estoque de cachorros-quentes. Quando ele estivesse sentado em sua cadeira no final do terceiro tempo, o sistema poderia enviar a Joe uma mensagem de texto oferecendo cachorros-quentes pela metade do preço. Isso poderia fazer Joe feliz e ajudar o time a se livrar dos cachorros-quentes extras.

Conforme o sistema fica mais preditivo, pode se tornar mais útil. Poderia começar a ver padrões em compradores de ingressos da temporada que ficam insatisfeitos e não compram no ano seguinte. Talvez eles cada vez mais deem ou vendam seus ingressos para outras pessoas — o sistema notaria, por que essas outras pessoas comprariam comida ou *souvenirs* diferentes do que o comprador de ingressos da temporada costumava comprar. Quando um comprador de ingressos da temporada insatisfeito está para se retirar, poderia receber uma ligação do seu jogador favorito (o sistema saberia qual é, porque o cliente sempre compra camisas com o número desse jogador), pedindo para que ele não se afastasse. Conforme a tecnologia preditiva se desenvolve, os gerentes de esportes irão usá-la de formas criativas para fazer os fãs felizes.

Ganhar dois segundos de vantagem nos esportes pode não estar no nível de ajudar o Fed a orientar a economia, ou lutar contra o terrorismo, ou evitar pandemias. Mesmo assim, começamos este livro com o astro do hóquei Wayne Gretzky, como forma de mostrar o grande valor em prever o futuro um pouco mais rápido e melhor que as outras pessoas. Às vezes, os esportes nos ajudam a ver o que é possível, o que pode ser suficiente para mudar o mundo.

No começo da década de 2000, Eric Schmidt estava pensando como uma nova geração do Google se tornaria preditiva e pessoal. O Google que todos nós conhecemos, e provavelmente com o qual temos uma relação de amor e ódio, é uma tecnologia do século XX. Ele sabe muito pouco sobre você e não faz ideia do que você está procurando e por quê. Fica ali esperando que você pergunte alguma coisa e, ao fazer isso, fornece milhões de resultados classificados por um algoritmo que determina a importância de cada link para o mundo como um todo — mas não necessariamente para você. No início de 2011, ao digitar "tartarugas", obtivemos 15.800.000

resultados que variavam entre imagens de tartarugas, a banda de rock da década de 1960 The Turtles, e o site das Tartarugas Ninja Mutantes. Nada exatamente objetivado.

Em 2004, Schmidt — então diretor-executivo do Google, e agora presidente-executivo — conversou conosco pela primeira vez sobre sua visão do Google 2.0. "Eu continuo pedindo um produto que chamo de Serendipidade", disse ele na época. Esse produto, assim como o Google, teria acesso às informações digitais do mundo, mas também observaria tudo que o usuário já acessou e salvou em seu disco rígido pessoal, e construiria um modelo de trabalho, amigos e predileções dessa pessoa. "Então, quando eu estivesse digitando um artigo, o produto saberia sobre o que estou escrevendo e diria: 'Ei! Você se esqueceu disso'", disse Schmidt. Em outras palavras, essa Serendipidade observaria o que você está fazendo em tempo real e preveria o que você pode precisar. Em suma, ele iria conhecer você e prever suas necessidades. Esse produto seria um Radar O'Reilly eletrônico.[146]

Seis anos depois, no outono de 2010, Schmidt ainda esperava pelo que então chamava de "dispositivo da serendipidade". Falou sobre isso em uma conferência, dizendo que seria um entre muitos "serviços novos que simplesmente fazem sua vida funcionar".[147] Por mais que esteja demorando muito para que a visão de Schmidt se torne realidade, e isso causa preocupações de privacidade ainda maiores, essa ainda é uma visão viável. A busca da próxima geração tem de seguir o caminho que Schmidt descreveu. O mecanismo de busca construirá um modelo da pessoa — supondo que a pessoa permita isso — e funcionará como o cérebro de um assistente pessoal muito capaz. Ele não iria mais mostrar todas as informações do mundo após a pessoa digitar uma solicitação — mostraria aquelas que a pessoa quer pouco tempo antes de precisar delas. Se o Google não fizer isso, algum outro programa o fará, ou talvez, o DeepQA da IBM se torne um serviço assim. A forma como trabalhamos e vivemos será transformada pela tecnologia preditiva em tempo real.

Um dos exemplos mais conhecidos de tecnologia preditiva pessoal — e uma boa forma de saber o grau de modernidade — é o dispositivo de recomendação Netflix. Se a pessoa for um cliente da Netflix, o sistema registra quais filmes ela pede e como classifica os filmes a que assiste. O sistema constrói um modelo dos gostos de filmes de seus clientes e compara uma pessoa com as que tenham modelos semelhantes. Existe uma chance considerável de que os filmes dos quais esse grupo de pessoas goste sejam os mesmos que aquela determinada pessoa goste, então, a Netflix os recomenda a essa pessoa. Quando mais precisas as recomendações, mais a Netflix consegue fazer seus clientes felizes. É uma versão limitada, concentrada em filmes, do dispositivo de serendipidade de Schmidt, prevendo o que a pessoa pode querer antes mesmo de pedir. A Netflix leva isso tão a sério que em 2006 lançou uma competição global para melhorar seu dispositivo de recomendação. Matemáticos e cientistas da computação de todo o mundo reuniram-se para participar. Em 2009, o diretor-executivo da Netflix, Reed Hastings, deu um prêmio de $1 milhão para uma equipe chamada Caos Pragmático de Bellkor. Quanto eles melhoraram as recomendações? Em cerca de 10%, apenas. Isso dá uma ideia do quanto ainda é difícil fazer os computadores funcionarem como cérebros.

Ainda assim, a competição da Netflix teve ampla repercussão, porque a tecnologia tem implicações bem acima das escolhas de filmes. Apenas considere o que isso poderia significar no reino mais amplo do entretenimento pessoal. A ideia seria deixar um único dispositivo semelhante ao Netflix ativado em todo seu campo do entretenimento. Ele deve saber não apenas de quais filmes a pessoa gosta, mas também suas preferências de programas de TV, música, esportes, sites e livros, e construir um modelo dos seus gostos. Você pode nunca mais ter que programar um DVR de novo (presumindo que se tenha DVR em uma era próxima de vídeos por encomenda) — o DVR será capaz de prever o que você gostaria de ver e gravar para você. O sistema deve ser capaz de fazer referências cruzadas, e, sabendo quais músicas a pessoa tem ouvido ultimamente, alertar que uma banda que se enquadra no gosto da pessoa irá se apresentar em sua cidade. Ele deve ser capaz de ajustar-se continuamente aos acontecimentos, então, em um determinado momento, poderia indicar várias possibilidades que a pessoa pode querer fazer, levando em consideração não apenas os gostos, mas a hora, o dia, o tempo e outros fatores. Sem dúvida, as pessoas podem fazer planos para si mesmas, mas o valor — da mesma forma que o dispositivo Netflix — estaria em dar ideias sobre as quais você não pensou. Um computador escanearia de forma incansável todo o entretenimento possível, oferecendo apenas o que seria provável a pessoa gostar, poupando-a de todo o trabalho.

Conforme o dispositivo de serendipidade e o dispositivo de entretenimento da Netflix aparecerem, a tecnologia de dois segundos de vantagem para os consumidores não deve viver em um único laptop ou outra máquina — estará em uma nuvem, por assim dizer, em servidores que os consumidores nunca irão tocar fisicamente.

Patrick Grady é um adepto de longa data do conceito de tecnologia pessoal preditiva, e ele na verdade a inseriu em uma empresa chamada Rearden Commerce. Talvez o grande público não conheça a Rearden, porque sua tecnologia funciona de maneira anônima por trás de muitos serviços de viagem corporativos, mas a empresa arrecadou mais de $200 milhões em financiamento de empresas como American Express, JPMorgan Chase e Foundation Capital, e a Rearden Commerce Platform é usada por cerca de três milhões de pessoas que viajam por essas empresas.

A Rearden por enquanto se concentra em viagens; a tecnologia deve funcionar como um assistente pessoal que conhece bem uma pessoa. Ela constrói um modelo das preferências da pessoa (ou daquilo que a desagrada), como o tempo, predileção em se hospedar em um hotel no centro da cidade, comer sushi e pegar o primeiro voo da manhã. Pode também saber que determinada pessoa gosta de ver jogos de beisebol dos Cubs sempre que está em Chicago e, então, ao reservar uma viagem para lá, o sistema irá verificar se há um jogo programado e oferecer os ingressos. Mais uma vez, esse é o caminho que os dois segundos de vantagem está tomando em nível pessoal. A prática atual de procurar pessoalmente em sites para reservar voos, procurar hotéis e fazer planos é do século XX e dá muito trabalho. Um serviço construído sobre a tecnologia de dois segundos de vantagem preverá o que a pessoa precisa assim que souber que terá de viajar para Chicago na terça-feira de manhã e voltar na quinta-feira à noite. Ele funcionará a partir de um modelo daquela pessoa, e estudará os acontecimentos em tempo real, como o clima e as reservas de hotel. O serviço pode errar por algum tempo, porém, como o dispositivo móvel Netflix, aprenderá conforme observa o que a pessoa aceita e rejeita. A Rearden construiu uma versão inicial dessa habilidade, e a tecnologia só irá avançar.

A assistência médica pessoal também mudará. A Sisters of Mercy está fazendo um monitoramento médico bastante concentrado dos pacientes seriamente doentes, mas a tecnologia por trás disso ficará mais barata, menor e tão fácil de usar que até mesmo as pessoas saudáveis podem ser monitoradas. Dispositivos como Fitbit já estão disponíveis. Fitbit é pouco maior que uma moeda de $0,25 e custa $99. Dentro dele está um sensor que rastreia os movimentos de alguém e envia informações por uma rede sem fio para um computador sobre as calorias queimadas e os níveis de atividade. Esse minúsculo dispositivo poderia ser produzido para monitorar a temperatura, os batimentos cardíacos, a pressão sanguínea, os níveis de oxigênio e outros fatores. Quem escolhesse usar esse dispositivo poderia transmitir por uma rede sem fio um fluxo de acontecimentos médicos para um sistema preditivo. Assim como o sistema da Sisters of Mercy, seria possível construir um modelo de saúde pessoal a partir de antigos prontuários médicos, histórico de família, informações sobre remédios receitados e outros acontecimentos médicos para obter o modelo de uma pessoa. Os dados em tempo real do dispositivo de saúde pessoal chegariam constantemente ao modelo, que incorporaria os padrões da pessoa e localizaria os problemas. E, falando em previsão, esse sistema seria capaz de dizer à pessoa que ela ficaria doente antes mesmo que se sentir mal.

É importante enfatizar que o sistema de saúde teria um ótimo modelo da pessoa — ele a teria organizado. Devido ao fato de observar o perfil de saúde completo o tempo todo, o sistema conheceria a pessoa melhor que qualquer médico. Agora imagine sobrepor a tecnologia de resposta a perguntas, como o *Jeopardy!* da IBM. Digamos que alguém está com um problema de saúde — uma estranha erupção cutânea, vertigem ou alguma outra coisa que o monitor de sinais possa detectar. A pessoa se conecta e começa a fazer perguntas em linguagem clara sobre sua condição. O sistema poderia instantaneamente procurar respostas em toda a literatura médica, compará-las com o modelo, e contabilizar outras informações em tempo real, como, por exemplo, um surto de gripe em sua cidade. O sistema poderia analisar tudo isso e fazer um diagnóstico inicial — uma previsão com dois segundos de vantagem sobre sua condição.

Um sistema como esse poderia tomar o lugar de milhões de visitas iniciais ao consultório do médico — do tipo que leva um médico de família a fazer pouco mais que mandar a pessoa ir ao dermatologista. Nessa hipótese, ele poderia fazer milhões de pessoas terem assistência médica mais cedo, impedindo que as condições fiquem piores e exijam hospitalização ou cuidados de longo prazo. Conforme o mundo se preocupa em como lidar com despesas crescentes de assistência médica, a tecnologia de dois segundos de vantagem vem para ajudar. "O tratamento preventivo está diminuindo as despesas totais para fornecer assistência médica", disse Jeff Bell, diretor-executivo de informações da Sisters of Mercy.[148]

Finalmente, e a sua vida social? Pense o quanto o Facebook é estático. Você tem de continuar ali e manipulá-lo para ter muitos benefícios sociais. Contudo, ele tem informações suficientes sobre todas as pessoas para construir um modelo de cada uma. Se a pessoa estiver ativa no site, ele conhece os amigos dela, família, preferências e antipatias, atividades e assuntos sobre os quais gosta de conversar. Isso é suficiente para construir uma habilidade preditiva sobre as pessoas. O Facebook poderia, por exemplo, ser capaz de prever se a pessoa gosta de alguém, da mesma maneira que um bom amigo que conhece sua personalidade pode automaticamente saber se ela gostaria de alguém em particular. E mais, o Facebook deve ser capaz de sugerir pares compatíveis de pessoas solteiras — não com base em uma pesquisa, como o eHarmony, mas considerando quem alguém é, e de que espécie de pessoa gosta. A tecnologia de dois segundos de vantagem poderia alçar as mídias sociais a um nível inteiramente novo.

Ansiamos por modelos sociais preditivos que se misturam à tecnologia móvel, particularmente o GPS. Enquanto há muito a ser dito para fazer atividades online, não há substituto para ver um amigo próximo em carne e osso. Um dispositivo móvel poderia rastrear a localização de alguém dirigindo um carro, ou andando em um grande centro de convenções, ou sentada em um restaurante, e poderia então ativar o modelo social para saber o que a pessoa iria querer. Tudo indica que seus amigos fariam o mesmo com seus telefones e modelos sociais. Então seu modelo social poderia lhe avisar que um amigo com quem costuma bater papo sobre música estava na loja Guitar Center, pela qual você estivesse prestes a passar. Claro que já existem serviços de rastreamento de amigos como o Foursquare, porém, esta é uma versão ativa — como um amigo que o conhece. Ele faria uma previsão de que você gostaria de ver essa pessoa, criando serendipidade na vida real.

Pode ser fácil achar que a tecnologia de dois segundos de vantagem irá beneficiar as pessoas no escalão superior da sociedade global — pessoas que se dão ao luxo de executar trabalhos com conhecimento técnico são capazes de ter boa assistência médica e visitar os amigos em lojas de guitarra sofisticadas. Contudo, de fato isso está se transformando e irá mudar a vida na maior parte dos setores socioeconômicos na maior parte do mundo, muitas vezes através de um celular barato. Um exemplo é o programa administrado pela microsseguradora Kilimo Salama para fazendeiros em áreas remotas do Quênia. Nessa área, uma boa colheita é essencial à vida, e a atividade bancária é praticamente inexistente. Isso constitui um problema em potencial para os fazendeiros. Se uma seca ou inundação destrói as culturas agrícolas, a forma do século XX para uma seguradora lidar com isso é esperar o desastre acontecer e depois emitir os cheques — que para os fazendeiros é difícil, ou até impossível, transformar em dinheiro. Isso deixaria os fazendeiros sem a colheita ou o dinheiro. Os fazendeiros, por sua vez, iriam diminuir seu risco todo ano economizando algum dinheiro e plantando menos culturas agrícolas, o que garantiria menos sucesso nos anos bons.

O programa de microsseguro beneficia-se do empreendimento conjunto de "dinheiro móvel" da Vodafone e da operadora de celular queniana Safaricom. Chamado de M-PESA, o empreendimento é um sistema para enviar dinheiro eletrônico de maneira segura a telefones celulares, e esse dinheiro pode, por sua vez, ser usado para pagar contas, comprar gêneros alimentícios etc. Na pior das hipóteses, o M-PESA seria uma forma de eliminar os cheques de papel e fornecer dinheiro aos fazendeiros logo depois de suas safras se perderem. No entanto, Kilimo Salama está dando um passo a mais, usando os relatórios de precipitações pluviométricas e outros dados para prever quando as condições do tempo estão prestes a destruir as colheitas, enviando aos fazendeiros os pagamentos de seguros antes que o pior aconteça. Os fazendeiros não ficam mais em pânico por um minuto sequer, perguntando-se se irão sobreviver e, então, algo notável acontece: os fazendeiros fazem investimentos maiores em suas safras, plantando mais e mantendo menos dinheiro de reserva. Isso significa colheitas melhores nos anos bons, o que ajuda a impulsionar as condições econômicas na região. A tecnologia preditiva será cada vez mais orientada a criar formas de proporcionar grandes melhorias para bilhões de vidas nos países em desenvolvimento.

A tecnologia de dois segundos de vantagem fará diferença de algumas maneiras muito consideráveis. Ela fará as empresas trabalharem melhor, tornará as cidades mais seguras e habitáveis, ajudará a economia a funcionar melhor e salvará vidas ajudando a conter o terrorismo e as doenças. Irá, também, melhorar a vida pessoal diária, auxiliando-nos a ser mais produtivos, usufruir nosso tempo livre e a nos conectar com as pessoas queridas. A tecnologia só está aparecendo agora, e será necessário mais trabalho e avanços para ela realizar seu potencial de maneira plena. Contudo, o mundo caminha nessa direção.

No fim das contas, os estudiosos da tecnologia irão se apropriar de nossos cérebros para melhorar os computadores. Durante esse trabalho, também melhoraremos os nossos cérebros.

Dois Segundos de Vantagem e um Cérebro Melhor

Em meados da década de 1970, mais ou menos na época em que o pré-adolescente Wayne Gretzky estava começando a se sobressair, o Canadá enfrentou uma crise de identidade nacional. A União Soviética estava fabricando em série jogadores de hóquei da melhor qualidade, formando times que conseguiam derrotar os melhores times canadenses. O hóquei era, e continua sendo, o esporte nacional do Canadá — seu tecido conjuntivo cultural. Como outra nação poderia desafiar o Canadá no cenário mundial? O Canadá tinha de descobrir. O país enviou pesquisadores de universidades para os campos esportivos soviéticos para saber como eles fizeram isso. Esses pesquisadores descobriram que a União Soviética havia construído um sistema nacional projetado para descobrir jovens com grande condição atlética e transformá-los em talento de primeira linha. Foi dada grande ênfase ao desenvolvimento corporal. Os repórteres escreveram inúmeras vezes nos jornais, examinando a situação. Em 1974, Doug Gilbert do

Montreal Gazette visitou Moscou e descreveu um tipo de tratamento muscular por eletrochoque que os cientistas esportivos soviéticos administravam nos jogadores de hóquei daquele país.

Gilbert escreveu: "Depois de um tempo, o jogador de hóquei terá uma sensação de calor, talvez um pouco ardente na área, mas, após 20 sessões feitas em um período de 40 dias ele terá, de acordo com a medicina esportiva soviética, aumentado a força muscular e as propriedades de velocidade a ponto do desempenho geral do músculo ter aumentado 50% em relação a como estaria através dos exercícios comuns."[149]

Três décadas depois, o antigo cientista soviético em esportes Sergei Beliaev, que se mudou para os Estados Unidos e iniciou uma empresa de treinamento, ainda acreditava no fisiculturismo científico. Ele disse: "Se você pensar sobre como um técnico é percebido nos Estados Unidos, isso é, antes de mais nada, psicológico. Na Rússia e na Europa é diferente, o técnico é visto como o engenheiro humano daquela pessoa, e tem a responsabilidade de fazer com que ela seja capaz de ter seu melhor desempenho."[150]

Ainda assim, com toda a ciência empenhada em desenvolver astros do esporte, a União Soviética nunca produziu um jogador como Gretzky. O sistema com certeza produziu muitos jogadores de hóquei excelentes, porém, nenhum deles com talento preditivo e artístico comparável ao de Gretzky ou seu sucessor na magia do hóquei, o canadense Mario Lemieux. Os soviéticos queriam criar os maiores jogadores de hóquei do mundo e concentraram-se no corpo. Wayne Gretzky teve que se virar — com a ajuda do seu pai, Walter — e concentrou-se na mente. E foi a mente que ganhou.

Na década de 2010, o jovem astro nascido em Moscou, Alex Ovechkin está se tornando talvez o melhor jogador de hóquei da Rússia em todos os tempos. Ele nasceu em uma era após o colapso da antiga máquina de esportes soviética. Em entrevistas, Ovechkin, uma pessoa de espírito livre, disse que se deveria abandonar o sistema baseado na antiga ciência.[151]

Então, é possível criar um Gretzky? A pergunta se aplica não apenas ao hóquei, mas a qualquer campo. Os cientistas aprenderam o bastante com a neurociência recente e seu trabalho convergente com a ciência da computação para saber como construir um astro? Se você está criando um filho, a ciência pode lhe dizer o que fazer para ajudar essa criança a se tornar um grande talento ou algo do tipo?

A resposta é: mais ou menos.

A previsão é a essência do talento. Os neurocientistas estão explorando isso com mais profundidade, hoje em dia, mas eles sabem que a prática é a chave para desenvolver a previsão. Essa prática tem de ser *prática deliberada* ou *desempenho deliberado*, que fortalece sistematicamente os blocos mentais associados com a habilidade através de repetição, enquanto também acrescenta novas informações e experiências de forma crescente. Para um talento físico como o hóquei, ou para tocar violino, a prática ou desempenho deliberado também afia a memória muscular que permite que o corpo execute o que a mente prevê.

Os cientistas afirmam que um indivíduo típico tem de praticar por cerca de dez mil horas ao longo de um período de anos para adquirir a capacidade de prever que torna uma pessoa "especialista" em determinada área. Conforme vemos, aqueles muito melhores — os Gretzkys de qualquer área — apuram seus poderes preditivos a ponto de terem dois segundos de vantagem metafóricos sobre qualquer outra pessoa.

As histórias de Menino, prefeito de Boston, e do artista da sedução Mystery sugerem que o talento e os dois segundos de vantagem podem ser desenvolvidos. Nenhum deles tinha qualquer talento ou dom especial aparente em sua área quando era mais novo. Nem Gretzky era um talento óbvio quando jovem — um garoto muito magro que praticava um esporte mais adequado aos garotos mais fortes e ágeis. Ao longo do tempo, todos os três construíram seu talento e suas habilidades de dois segundos de vantagem. O fato de eles conseguirem fazer isso indica que qualquer um de nós também pode.

Qualquer técnico decente de liga infantil de hóquei ou professor de matemática do Ensino Fundamental já conhece uma versão disso. Pratique muito e será bom em alguma coisa. Pratique incansavelmente, com um foco de raio laser, e será excelente em alguma coisa. Contudo, existem várias nuances e ideias novas nesse enunciado que vêm do fato de saber como a prática e o talento se parecem no cérebro.

As experiências disparam os neurônios e codificam informações neles. Os disparos repetidos em resposta aos mesmos conjuntos de informações ou padrões conectam esses neurônios. Mais repetição fortalece as conexões entre os neurônios para que as informações se movimentem ainda mais rapidamente entre eles. Conforme isso acontece, outras repetições unificam os padrões em blocos que podem acessar todo um conjunto de informações instantaneamente. À medida que as experiências se expandem, novas informações são introduzidas e acrescentadas aos blocos, criando com o tempo um modelo mental complexo e sofisticado que avalia a situação em um instante, sem ter de acessar todos os detalhes armazenados no fundo da memória. É isso que chamamos de instinto interno.

O cérebro prevê em cada uma dessas fases. As previsões precisas fazem as pessoas sentirem-se seguras e confiantes, então, procuram tornar suas previsões mais precisas e sofisticadas. Quando essas previsões mais complexas se mostram corretas, queremos aumentar o nível de sofisticação. Em cada fase, ficamos melhores e mais rápidos em prever o que está para acontecer, obtendo dois segundos de vantagem.

O ciclo de organização em blocos, reforço e previsão causa mudanças físicas nas conexões do cérebro — uma característica chamada de neuroplasticidade. Um programa do cérebro de fato muda as ferramentas do cérebro, até este se tornar uma máquina de previsão bem afiada e integrada na profissão ou habilidade escolhida pela pessoa.

Todavia, aqui está a armadilha — um dilema do tipo o ovo ou a galinha. O talento excepcional é autosselecionado. As pessoas altamente talentosas são quase sempre motivadas pelo fato de que realmente gostam do que fazem. E gostam do que fazem porque em alguma época anterior da vida descobriram que suas previsões naquela habilidade eram bastante precisas. Um pouco de precisão no começo proporciona satisfação, e queremos cada vez mais. Muitas vezes essa precisão significa que fazemos algo bem, o que traz elogios ou recompensas, proporcionando maior motivação para buscar outras experiências e construir previsões melhores. É por isso que as pessoas se direcionam para aquilo que fazem melhor — e se afastam do que não conseguem fazer tão bem. É isso que as pessoas descrevem quando dizem algo como "Ele pratica esse esporte tão bem" ou "Ela parece que nasceu fazendo isso".

Contudo, por que essas previsões preliminares e iniciais são precisas em algumas pessoas e não em outras? Como acontece essa fagulha inicial de interesse? Esse é um mistério que a ciência ainda não consegue desvendar. Alguma coisa fez o jovem Eduard Schmieder começar a pedir para tocar violino quando não havia nenhum estímulo musical particular de seus pais, e algo permitiu que ele tivesse sucesso o bastante desde o início para convencê-lo a começar o ciclo de experiências, organização em blocos, previsão e satisfação. Pelo fato de Wayne Gretzky ter sido criado em Ontário, com todo um ambiente de hóquei em torno dele, não foi surpreendente ele ter tentado o esporte quando era rapaz. No entanto, outras crianças começaram a praticar hóquei na mesma idade. Se Gretzky tivesse descoberto que não era tão bom quanto as outras crianças, provavelmente teria ficado desestimulado e praticaria outro esporte, mas alguma coisa desde o começo lhe permitiu ser bom e preditivo o bastante para procurar mais experiências de hóquei, acendendo a fagulha que o transformou em um superastro desse esporte. Gretzky tinha o tipo certo de ferramentas cerebrais, os atributos físicos e as circunstâncias certos para ajudá-lo a construir uma excelente mente para o hóquei. Enquanto a ciência pode explicar muito sobre como ele construiu seu talento após aquela primeira fagulha, ela realmente não pode explicar como aquela primeira fagulha aconteceu.

Sabendo disso, o que a ciência poderia dizer para os pais fazerem, caso quisessem desenvolver um filho com talento especial? Com base em sua pesquisa sobre o cérebro das crianças, a neurocientista da Rutgers, Paula Tallal, chegou a algumas conclusões que compartilhou conosco:

- Os pais devem expor os filhos a experiências variadas, para que eles possam descobrir o que desperta um ciclo preditivo. Ainda assim, os pais não devem exigir outras experiências às custas de deixar o filho ficar com algo que goste. O ato de concentrar-se em uma habilidade ou experiência ajuda a construir a previsão — o primeiro passo em direção ao talento.
- Na pesquisa de Tallal, o processamento da linguagem é um indicador preciso do futuro sucesso na escola e, depois, em quase qualquer talento baseado no intelecto (em contraposição aos esportes ou outros talentos mais físicos). Para assegurar o desenvolvimento de conhecimentos linguísticos em uma criança, converse muito com ela, e converse de maneira positiva. A organização em blocos complexos e ser preditivo com a língua falada leva à organização em blocos e previsão na leitura, o que leva ao sucesso na área acadêmica e na maior parte das áreas. Por isso, disse Tallal, as escolas devem fazer o oposto do que geralmente fazem: devem estimular as crianças a falar em sala de aula.

- A repetição constrói a previsão, e boas previsões geram sentimentos positivos que oferecem motivação para construir ainda mais previsão. Se a criança quer ler o mesmo livro várias vezes, ou tocar o mesmo piano sem parar, ou praticar a mesma habilidade esportiva — isso pode deixar os pais loucos, porém, essa repetição é parte importante no desenvolvimento do talento.
- Quando uma criança se concentra em alguma atividade — seja matemática, cozinha, basquete, piano, redação ou qualquer outra habilidade — é necessário dar a ela mais oportunidades para repetição, prática deliberada e desempenho deliberado. Afinal, dez mil horas é muito tempo. Pouquíssimas pessoas nascem com o talento dos savants. A maior parte das pessoas realmente talentosas do mundo obtém essa condição através de concentração determinada e prática intensa por um grande período de tempo. Algo que a ciência do cérebro não descobriu é um atalho para programar talento no cérebro — ou, por falar nisso, em um computador.

Em janeiro de 1996, Tallal e sua equipe da Rutgers, junto com o pesquisador do cérebro Michael Merzenich e sua equipe da University of California em São Francisco, publicaram as descobertas de sua pesquisa sobre os conhecimentos linguísticos das crianças na revista *Science*. Suas descobertas foram surpreendentes e polêmicas na época. Eles relataram que durante exercícios repetitivos usando computadores pessoais, poderiam alterar os cérebros das crianças para que aquelas com dificuldades na língua conseguissem distinguir fonemas e mapeá-los corretamente para palavras escritas. Em outras palavras, o grupo de Tallal poderia criar previsão e um certo nível de talento em conhecimentos linguísticos em crianças que antes haviam ficado para trás em comparação com os colegas. O programa de computador estava reconectando os cérebros das crianças. A história foi mostrada pela mídia em todo o mundo, e dez dias após sua divulgação, foi relatado que o telefone principal da Rutgers recebeu 17 mil ligações. Quase todas eram de pais pedindo para experimentar o programa de computador que poderia melhorar os problemas de leitura de seus filhos.[152]

Percebendo o intenso interesse público, os investidores de capital de risco da E.M. Warburg, Pincus & Co. procuraram Tallal e seus colegas para transformar sua descoberta científica em um negócio com fins lucrativos. Juntos, a equipe de Tallal e Warburg arrecadaram dinheiro suficiente para fundar a Scientific Learning Corporation, a primeira empresa criada em torno da neuroplasticidade. A empresa promoveu o programa de leitura Fast ForWord, e em 1999 a Scientific Learning teve sucesso suficiente para investir quase $40 milhões em uma oferta pública inicial de ações. No final de 2010, o Fast ForWord estava sendo oferecido em seis mil escolas nos Estados Unidos e em escolas de 44 países. A Scientific Learning provou que fabricar talento nas crianças poderia ser um bom negócio.

Enquanto Tallal se concentrava nas crianças, Merzenich dividia-se em outra pergunta difícil: o cérebro adulto pode ser reconectado de maneira semelhante? Há muito tempo existia o consenso de que os cérebros das crianças eram maleáveis e poderiam aprender habilidades novas. No entanto, a visão popular era de que uma vez que o cérebro estivesse conectado, era quase que algo para sempre. A antiga frase: "não se pode ensinar truques novos a um cachorro velho" parecia uma verdade palpável.

Contudo, Merzenich mostrou que não. Ele zerou os níveis de reversão do declínio cognitivo na velhice, reconstruindo a previsão do cérebro e a velocidade de processamento. Em 2003, criou uma empresa chamada Posit Science, que criou o campo da "ginástica do cérebro". Como as crianças que usaram o software da Scientific Learning, os adultos mais velhos colaboraram com o software da Posit Science para jogar jogos visuais e auditivos projetados para reconectar seus cérebros. Um estudo de 2009, financiado pela Posit Science e feito pela Mayo Clinic e University of Southern California descobriu que pessoas mais velhas (com cerca de 65 anos ou mais) que treinaram com o Programa de Neuropsicologia da empresa ficaram duas vezes mais rápidas ao processar informações, com uma melhora média no tempo de resposta de 131%. Elizabeth Zelinsk, da UC Davis School of Gerontology, disse: "O que isso significa é que o declínio cognitivo não é mais uma sequela inevitável do envelhecimento. Fazer atividades cognitivas projetadas da maneira correta podem aumentar nossas capacidades conforme envelhecemos."[153]

O Posit Science e outros programas de ginásticas do cérebro populares — como aqueles disponíveis no console de videogame Wii da Nintendo — têm a intenção de reverter o declínio do cérebro, não necessariamente construir talento mais uma vez. Ainda assim, a questão é que esses programas estão provando que o cérebro pode ser reconectado em qualquer idade. Deve ser possível, então, construir os blocos e a previsão necessária para desenvolver talento independentemente de quando se comece.

O prefeito Menino desenvolveu depois de adulto um talento incrível para administrar a cidade de Boston. Sem dúvida, seu cérebro não estava conectado para ser um político desde quando ele nasceu. O artista da sedução Mystery era um jovem viciado em computação que mal conseguia conversar com uma mulher. Colocando tijolo por tijolo em sua mente, ele reconectou seu cérebro quando adulto e desenvolveu um talento para conquistar as mulheres. Não é difícil dar outros exemplos de talento tardio. Anna "Grandma" Moses foi famosa por começar a pintar aos 76 anos e viveu até os 101. No período em que pintou, tornou-se uma artista norte-americana renomada.[154]

O pesquisador cognitivo Gary Klein desenvolveu seu conceito de desempenho deliberado especificamente para adultos que têm de desenvolver talento enquanto estão em seus empregos. Eles muitas vezes não têm condições de passarem anos voltando para a escola ou praticando uma habilidade nova. Klein e seu colega Peter Fadde escreveram: "Um analista de crédito pode construir seu conhecimento tácito e tomada de decisões intuitivas exercendo-os (no trabalho). Ele pode prever sistematicamente quais solicitações de crédito serão aprovadas. Quando sua previsão está desligada — em outra direção — ele tenta explicar o porquê." Ao usar exercícios como esse, explicaram Klein e Fadde, o analista está "construindo seu modelo mental e melhorando o que em esportes pode-se chamar de habilidades do 'próximo nível'".[155] Ao trabalhar deliberadamente para construir blocos e fazer previsões melhores, um trabalhador em meio de carreira pode se tornar mais talentoso. Conforme os cientistas pesquisam a previsão e a neuroplasticidade, provavelmente continuarão a encontrar formas mais efetivas de construir talento novo ou rejuvenescer capacidades e habilidades.

É aqui onde entram os cientistas da computação. Seja falando sobre os programas da DARPA, (SyNAPSE), o projeto Blue Brain na Suíça, o computador que joga *Jeopardy!* da IBM, os robôs de Rajesh Rao ou sistemas talentosos sendo desenvolvidos para empresas, os pesquisadores, à medida que tentam fazer os computadores funcionarem de maneira mais semelhante aos cérebros, têm de aprender como estes funcionam de baixo para cima. Isso já está acrescentando muito ao nosso conhecimento de conexão e software do cérebro. Um pouco mais à frente, o Blue Brain e alguns projetos do SyNAPSE planejam simular o cérebro humano em um computador, de forma semelhante a como os computadores agora simulam sistemas complexos como o tempo. Assim que uma rica simulação do cérebro existir, os cientistas serão capazes de testar teorias com muito mais facilidade que hoje em dia. Um pesquisador como Paula Tallal tem de deixar as crianças durante meses em rotinas controladas para depois de algum tempo descobrir como alterar a conexão do cérebro. Uma simulação deixaria o pesquisador escrever o código do software, integrá-lo em um computador, e ver o que acontece. Isso deve acelerar o nosso conhecimento da previsão e talento e ajudar a desenvolver as ferramentas e métodos para melhorar nossos cérebros.

Essa é uma notícia libertadora. Ninguém é obrigado a se contentar com as habilidades, capacidades ou cérebro que tem. É possível reconstruir um cérebro para superar uma deficiência física ou ir para uma nova direção. É possível em qualquer idade construir dois segundos de vantagem. É possível que aprendamos a desenvolver talento e cérebros mais capazes.

No filme *O Exterminador do Futuro*, logo depois de Sarah Connor achar o local do Cyber Dynamics e saber através de Kyle sobre o papel da empresa em criar máquinas que acabarão indo para a guerra com os seres humanos, ela se entusiasmou sobre alterar a história "desinventando", conforme ela mesma disse, a tecnologia.

"Iremos explodir o lugar... queimá-lo. Algo assim", disse Sarah a Kyle.

"Isso é taticamente perigoso. Vamos nos esconder", respondeu Kyle.[156]

Argumenta Sarah: "Pense bem. Podemos impedir a guerra. Ninguém mais irá fazer isso."

Estamos à beira de uma solução diferente para o enredo de *O Exterminador do Futuro*. Os escritores de ficção científica muitas vezes presumiram que o cérebro humano ficará onde está, enquanto os cérebros eletrônicos irão nos alcançar e ultrapassar. A ciência recente indica que podemos usar as máquinas em constante evolução para aumentar nossa inteligência. Enquanto inventamos máquinas que conseguem antecipar o futuro apenas um pouco, nós humanos podemos continuar a ser como Gretzky, e ficar dois segundos à frente na competição.

Notas

O Cérebro de Wayne Gretzky em uma Caixa

1. Wayne Gretzky com Rick Reilly, *Gretzky: An Autobiography* (HarperCollins, 1990), Nova York, N.Y., p.83-97.
2. Revista *Playboy*, *The Playboy Interviews*: They Played the Game (M Press, 2006), Nova York, N.Y., p.175-200.
3. Ibidem.
4. *Wayne Gretzky: The Making of The Great One* (Becket Publications, 1998), Dallas, Texas.
5. Malcolm Gladwell, *Blink: The Power of Thinking Without Thinking* (Back Bay Books, 2010), Nova York, N.Y., p.10.
6. *Time*, "The Brain Builders", 28 de março de 1955.
7. Stephen Grossberg, entrevista com Kevin Maney, abril de 2010.

Tipo Um, Tipo Dois e Córtex

8. Marc Andreessen e Ben Horowitz, entrevista com Kevin Maney, originalmente para a reportagem de capa da *Fortune* publicada em 6 de julho de 2009.
9. Ben Horowitz, entrevista com Kevin Maney, primavera de 2010.
10. Ben Horowitz, blog do Ben, http://bhorowitz.com/2010/05/30/how-andreessen-horowitz-evaluates-ceos/.
11. Jeff Hawkins, "Jeff Hawkins on How Brain Science Will Change Computing", TED, fevereiro de 2003. Disponível em: http://www.ted.com/talks/jeff_hawkins_on_how_brain_science_will_change_computing.html.
12. Ibidem.
13. Jeff Hawkins. *On Intelligence* (Times Books, 2004), Nova York, N.Y., p.89.
14. Vernon Mountcastle, "The Columnar Architecture of the Neocortex", *Brain*, 1997, p.701.
15. Essa explicação foi parafraseada de Hawkins, *On Intelligence*.
16. Stephen Grossberg, "The Brain's Cognitive Dynamics: The Link Between Learning, Attention, Recognition and Consciousness", 2002. Disponível em http://www.cns.bu.edu/Profiles/Grossberg/MBI/1.html.
17. D.H. Ingvar, "Memory of the Future: An Essay on the Temporal Organization of Conscious Awareness", *Human Neurobiology* 4 (1985): 127-36.
18. Joaquin Fuster, entrevista com Jeff Garigliano para os autores em 21 de abril de 2010. Fuster é professor emérito de Psiquiatria e Neurociência na UCLA School of Medicine.
19. Stephen Grossberg, entrevista com os autores em 23 de abril de 2010.
20. Duke University Office of News & Communications, "Brain's Visual Circuits Do Error Correction on the Fly", 7 de dezembro de 2010. Disponível em: http://news.duke.edu/2010/12/egner_vision.html.
21. Fuster, entrevista.
22. Grossberg, entrevista.
23. Paula Tallal, entrevista com Kevin Maney, em janeiro de 2011.
24. Children of the Code, http://www.childrenofthecode.org/interviews/tallal.htm.

25. Tallal, entrevista.
26. Tallal, entrevista.
27. Beatriz Calvo-Merino et al., "Action Observation and Acquired Motor Skills: An fMRI Study with Expert Dancers", *Cerebral Cortex* 15 (Agosto de 2005): 1243-49.
28. University of California, Swartz Center for Computational Neuroscience, "Mobile Brain/Body Imaging (MoBI) of Active Cognition", 23 de dezembro de 2010.
29. William Duggan, "Strategic Intuition: The Key to Innovation", Columbia Business School, 6 de fevereiro de 2009. Disponível em: www.portfolio.com/resources/insight-center/2009/02/06/Strategic-Intuition/
30. Ibidem.
31. Gary Klein, entrevista com Kevin Maney em agosto de 2010.
32. Gary Klein, David Snowden e Chew Lock Pin, manuscrito não publicado sobre "pensamento preventivo" dado a Kevin Maney por Gary Klein em agosto de 2010.
33. Ibidem.
34. Gladwell, *Blink*, p.16.
35. Elizabeth Falkner, entrevistas com Dan Fost para os autores em maio e junho de 2010.
36. Traci des Jardins e Gabriel Maltos, entrevistas com Dan Fost para os autores em maio e junho de 2010.

O Cérebro Talentoso

37. Eduard Schmieder, entrevista com Kevin Maney, 2010.
38. *Stephen Wiltshire – Prodigious Drawing Ability and Visual Memory*, por Darold Treffert. Disponível em: http://www.wisconsin-medicalsociety.org/savant_syndrome/savant_profiles/stephen_wiltshire.
39. *Neuropsychological Studies of Savant Skills: Can They Inform the Neuroscience of Giftedness?* Roeper Review, por Gregory L. Wallace, The Roeper School, 2008.
40. Rita Carter, "Turn off, tune in", *New Scientist*, 9 de outubro de 1999.
41. Lawrence Osborne, "Savant for a Day", *The New York Times*, 22 de junho de 2003.

42. *The Joy Behar Show*, 25 de maio de 2010. Reprodução disponível em http://archives.cnn.com/TRANSCRIPTS/1005/25/joy.01.html.
43. Mo Rocca, entrevista com Kevin Maney em julho de 2010.
44. Jeff Hawkins, entrevista com Kevin Maney em dezembro de 2009.
45. Jim Olds, entrevista com Kevin Maney em abril de 2010.
46. Earle Whitmore, entrevista com Kristin Young para os autores em agosto de 2010.
47. Roger Craig, entrevista com Kevin Maney em julho de 2010.

O Software Talentoso do Cérebro Normal

48. Thomas Menino, entrevista com Kevin Maney em junho de 2010.
49. Peggie Gannon, entrevista com Kevin Maney em junho de 2010.
50. Abby Goodnough, "Boston's Mayor Faces Foes but Is Still a Favorite", *The New York Times*, 21 de setembro de 2009.
51. Shelley Gare, "Success Is All in the Mind", *The Australian*, 24 de janeiro de 2009.
52. K. Anders Ericsson, Roy W. Roring e Kiruthiga Nandagopal, "Giftedness and Evidence for Reproducibly Superior Performance: An Account Based on the Expert Performance Framework", *High Ability Studies*, junho de 2007.
53. Peter J. Fadde e Gary A. Klein, "Deliberate Performance: Accelerating Expertise in Natural Settings", *Performance Improvement*, outubro de 2010.
54. Tracy Clark-Flory, "The Artful Seducer", *Salon*, 6 de agosto de 2007.
55. Mystery com Chris Odom, *O Método Mystery: Como Levar Mulheres Bonitas para a Cama.* (Arx).
56. Ibidem., p.xii.
57. Ibidem., p.5.
58. Ibidem., p.77.
59. R. Douglas Fields, "Watching the Brain Learn", *Scientific American*, 24 de novembro de 2009; R. Douglas Fields, "Glia: The New Frontier in Brain Science", *Scientific American*, 4 de novembro de 2010.
60. Andy Greenberg, "IBM's Cat-Brain Breakthrough", Forbes.com, 18 de novembro de 2009.

61. Greg Fish, "IBM Cat Brain Computer Debunked", *Discovery News*, 4 de dezembro de 2009.
62. Joe Lovano, entrevista com Kevin Maney, 2010.

Se o Sistema Tivesse um Cérebro

63. Rajesh Rao, entrevista com Dan Fost para os autores em 2010.
64. Jeff Hawkins, *On Intelligence* (Times Books, 2004), Nova York, N.Y., p.89.
65. Stacey Higgenbotham, "Sensor Networks Top Social Networks for Big Data", *Bloomberg BusinessWeek*, 14 de setembro de 2010.
66. SmartData Collective, "Big Data, Big Problems", 10 de novembro de 2010. Disponível em: http://smartdatacollective.com/avanade/29625/big-data-big-problems.
67. Ibidem.
68. "Most Innovative Companies 2010", *Fast Company*, março de 2010.
69. Brett Zarda "Stopwatches? Sensor Technology Puts the Laptop in Lap", *The New York Times*, 19 de julho de 2010.
70. "Data, Data Everywhere", *Economist*, 27 de fevereiro de 2010.
71. Sumit Chowdhury, entrevista com Kevin Maney, maio de 2010.
72. John Gideon, entrevista com David Gilman para Vivek Ranadivé, junho de 2010.
73. Jane Johnson (da FICO), entrevista com Jeff Garigliano para os autores, 2010.
74. Andrew Martin "Sam's Club Personalizes Discounts for Buyers", *The New York Times*, 30 de maio de 2010.

Tecnologia e Empreendimentos Talentosos

75. Sharon Adarlo, "E. Orange Strategy, Technology Reduces Crime", The Star-Ledger, 29 de março de 2009; Richard G. Jones, "The Crime Rate Drops, and a City Credits Its Embrace of Surveillance Technology", *The New York Times*, 29 de maio de 2007.

76. Jose Cordero, entrevista com Kevin Maney, julho de 2010.
77. Joel Rubin, "Stopping Crime Before It Starts", *Los Angeles Times*, 21 de agosto de 2010.
78. Kemel Delic e Umeshwar Dayal, "The Rise of the Intelligent Enterprise", *Virtual Strategist*, primavera de 2002.
79. David G. Stork, "Scientist on the Set: An Interview with Marvin Minsky", MIT Press, 2008. Disponível em: http://mitpress.mit.edu/e-books/Hal/chap2/two1.html.
80. Thibaut Scholash e Sébastien Payen, entrevista com Dan Fost para os autores, abril de 2010.
81. Bryan Mistele, entrevista com os autores, fevereiro de 2010.
82. Mike Campbell, entrevista com Dan Fost para os autores, setembro de 2010.
83. Gary Conkright, entrevista com Dan Fost para os autores, setembro de 2010.
84. Joseph Dupree, entrevista com Dan Fost para os autores, setembro de 2010.
85. Andrew Lawrence, "Nothing Left to Chance", *Information Age*, 18 de janeiro de 2007. Disponível em: http://www.information-age.com/channels/information-management/features/272256/nothing-left-to-chance.thtml.
86. Karl Taro Greenfeld, "Loveman Plays 'Purely Empirical' Games as Harrah's CEO", Bloomberg, 6 de agosto de 2010. Disponível em: http://www.bloomberg.com/news/print/2010-08-06/loveman-plays-new-purely-empirical-game-as-harrah-s-ceo.html.
87. Vivek Ranadivé, *The Power to Predict* (McGraw-Hill, 2006), Nova York, N.Y., p.50-51.
88. Randy Huston (da Xcel Energy), entrevista com Kevin Maney, maio de 2010.
89. Site da SmartGridCity: http://smartgridcity.xcelenergy.com/learn/technology-overview.asp.
90. PJM officials, entrevistas com Don Adams para os autores.
91. Guy Peri, entrevista com Kevin Maney, agosto de 2010.
92. Edouard Odier, entrevista com Kevin Maney, setembro de 2010.
93. Jan Marshall, entrevista com Kevin Maney, outubro de 2010.
94. Departamento de Segurança Interna, Escritório de Tecnologia da Informação dos Estados Unidos, "USCIS Faces Challenges in Modernizing Information Technology", setembro de 2005.

95. Leslie Hope, entrevista com Kevin Maney, setembro de 2010.
96. Serviço de Cidadania e Imigração dos Estados Unidos, "Backlog Elimination". Disponível em: http://www.uscis.gov/portal/site/uscis/menuitem.5af9bb95919f35e66f614176543d1a/?vgnextoid=68564175bc927210VgnVCM100000082ca60aRCRD&vgnextchannel=9a1d9ddf801b3210VgnVCM100000b92ca60aRCRD.

Eletrônica do Cérebro e Cérebros Eletrônicos

97. John von Neumann, *The Computer and the Brain: Second Edition* (Yale University Press, 1958), New Haven, Conn., p.xxii-xxvii.
98. Ibidem, p.51.
99. Ibidem, p.50-51.
100. Steven Pinker, *How the Mind Works* (W.W. Norton & Co., 2009), Nova York, N.Y., p.83.
101. James Cameron, *O Exterminador do Futuro*. Roteiro disponível em http://www.imsdb.com/scripts/Terminator.html.
102. Kwabena Boahen, "Neuromorphic Microships", *Scientific American*, maio de 2005.
103. Sandra Aamodt e Sam Wang, "Computers vs. Brains", *The New York Times*, 31 de março de 2009. Disponível em: http://opinionator.blogs.nytimes.com/2009/03/31/guest-column-computers-vs-brains/.
104. Gizmodo, "How Large Is a Petabyte?" http://gizmodo.com/5309889/how-large-is-a-petabyte.
105. Kevin Maney, "Every Move You Make Could Be Stored in a PLR", *USA Today*, 7 de setembro de 2004.
106. Michael Merzenich "Michael Merzenich on Re-wiring the Brain", TED, fevereiro de 2004. Disponível em: http://www.ted.com/talks/michael_merzenich_on_the_elastic_brain.html.
107. Aamodt e Wang, "Computers vs. Brains".
108. Dharmendra Modha, entrevista com Jeff Garigliano para os autores, agosto de 2010.
109. Sally Adee, "DARPA's SyNAPSE: Seat of Your Pants-on-a-Chip", IEEE Spectrum, 21 de novembro de 2008, http://spectrum.ieee.org/tech-talk/semiconductors/devices/darpas_synapse_seat_of_your_pa.

110. Brian Robinson, “DARPA Seeks to Mimic in Silicon the Mammalian Brain”, Defense Systems, 26 de novembro de 2008, http://www.defensesystems.com/Articles/2008/11/DARPA-seeks-to-mimic-in-silicon-the-mammalian-brain.aspx.
111. Massimiliano Versace (cientista sênior de pesquisas no Departamento de Sistemas Cognitivos e Neurais da Boston University), entrevista com Jeff Garigliano para os autores em julho de 2010.
112. Ibidem.
113. Modha, entrevista.
114. Massimiliano Versace, “A Brain Made of Memristors”, Brain Blogger, 18 de dezembro de 2010, http://brainblogger.com/2010/12/18/a-brain-made-of-memristors/.
115. Versace, entrevista.
116. Ethan Bauley, “HP and Hynix — Bringing the Memristor to Market in Next-Generation Memory”, Central de Dados (blog corporativo da HP), 31 de agosto de 2010, http://h30507.www3.hp.com/t5/Data-Central/HP-and-Hynix-Bringing-the-memristor-to-market-in-next-generation/ba-p/82218.
117. Ibidem.
118. Boahen, “Neuromorphic Microships”.
119. Douglas Fox, “Brain-Like Chip May Solve Computers' Big Problem: Energy”, *Discover*, 6 de novembro de 2009. Disponível em: http://discovermagazine.com/2009/oct/06-brain-like-chip-may-solve-computers-big-problem-energy/article_print.
120. Kevin Maney, “Beyond the PC: Atomic QC”, *USA Today*. Disponível em: www.amd1.com/quantum_computers.html.
121. John Markoff, “Quantum Computing Reaches for True Power”, *The New York Times*, 8 de novembro de 2010.
122. Site do D-Wave, http://www.dwavesys.com/.
123. Jeff Hawkins, entrevista com Kevin Maney, maio de 2010.
124. Kevin Maney, “Father of Palm Focuses on Making Computers Brainier”, *USA Today*, 29 de março de 2005.
125. Donna Dubinsky, entrevista com Kevin Maney, 2005.
126. Hawkins, entrevista.
127. Hawkins, entrevista.
128. Hawkins, entrevista.
129. David Ferrucci, entrevistas com Kevin Maney, 2010.
130. Ferrucci, entrevistas.

131. Clive Thompson, "What Is IBM's Watson?", *The New York Times*, 14 de junho de 2010.
132. Ibidem.
133. Vivek Ranadivé, *The Power to Predict* (McGraw-Hill, 2006), p.33-35.
134. Felix Salmon e Jon Stokes, "Bull vs. Bear vs. Bot", *Wired*, janeiro de 2011.
135. Ibidem.
136. Pinker, *How the Mind Works*, p.333.
137. Henry Markram, "Henry Markram Builds a Brain in a Super Computer", TED, julho de 2009. Disponível em: https://www.ted.com/talks/lang/eng/henry_markram_supercomputing_the_brain_s_secrets.html.
138. Pinker, *How the Mind Works*, p.329-30.
139. Ray Kurzweil, *The Singularity Is Near* (Penguin Group, 2005), Nova York, N.Y., p.9.

Dois Segundos de Vantagem e um Mundo Melhor

140. Robert F. Bruner e Sean D. Carr, "Lessons from Wall Street's Panic of 1907", NPR, 28 de agosto de 2007. Disponível em: http://www.npr.org/templates/story/story.php?storyId=14004846.
141. Banco de Reserva Federal de São Francisco, "What Is the Beige Book, and What Role Does It Play in Setting Interest Rates for Monetary Policy?" Novembro de 2003, http://www.frbsf.org/education/activities/drecon/answerxml.cfm?selectedurl=/2003/0311.html.
142. Google.org, Tendências da Gripe, "How Does This Work?", http://www.google.org/flutrends/about/how.html.
143. Jeremy Ginsberg, Matthew H. Mohebbi, Rajan S. Patel, Lynnette Brammer, Mark S. Smolinksi e Larry Brilliant, "Detecting Influenza Epidemics Using Search Engine Query Data", *Nature*, 19 de fevereiro de 2009.
144. Marianne Kolbasuk McGee, "Remote Monitoring Boots Chronic Illness Care", *Information Week*, 13 de outubro de 2010.
145. John Conroy, entrevista com Kevin Maney, janeiro de 2011.
146. Kevin Maney, "Future Search Efforts Will Make Google Look Like 8-Tracks", *USA Today*, 30 de março de 2004.

147. Scott Morrison, "Google CEO Envisions a 'Serendipity Engine'., *Wall Street Journal*, 29 de setembro de 2010.
148. Jeff Bell, entrevista com Kevin Maney, janeiro de 2011.

Dois Segundos de Vantagem e um Cérebro Melhor

149. Doug Gilbert, "Young Talent + Coaching + Technology = Success", *Montreal Gazette*, 17 de junho de 1974.
150. Kyle Jorrey, "Soviet Sports Secrets: Declassified", *Pepperdine University Graphic*, 31 de janeiro de 2011.
151. Charles McGrath, "Alexander Ovechking, the Mad Russian", *The New York Times*, 9 de abril de 2010.
152. Jeffrey M. Schwartz MD e Sharon Begley. *The Mind & The Brain: Neuroplasticity and the Power of Mental Force* (Harper Perennial, 2002), p.233-35.
153. University of Southern California, "Computer Exercises Improve Memory and Attention, Study Suggests", *Science Daily*, 11 de fevereiro de 2009, http://sciencedaily.com/releases/2009/02/090211161932.htm.
154. "Grandma Moses Is Dead at 101; Primitive Artist 'Just Wore Out'", *The New York Times*, 14 de dezembro de 1961.
155. Peter J. Fadde e Gary Klein "Deliberate Performance: Accelerating Expertise in Natural Settings", *Performance Improvement* 49, nº. 9 (outubro de 2010): 5-14.
156. James Cameron, *O Exterminador do Futuro*. Roteiro disponível em http://www.imsdb.com/scripts/Terminator.html.

Índice